समर्पण

पूजा साँवरिया

ISBN 979-8-88704-878-9

This book has been published with all efforts taken to make the material error-free after the consent of the author. However, the author and the publisher do not assume and hereby disclaim any liability to any party for any loss, damage, or disruption caused by errors or omissions, whether such errors or omissions result from negligence, accident, or any other cause.

While every effort has been made to avoid any mistake or omission, this publication is being sold on the condition and understanding that neither the author nor the publishers or printers would be liable in any manner to any person by reason of any mistake or omission in this publication or for any action taken or omitted to be taken or advice rendered or accepted on the basis of this work. For any defect in printing or binding the publishers will be liable only to replace the defective copy by another copy of this work then available.

अनुक्रमणिका

:- एक ग्रहणी की कलम से -:

सर्वप्रथम कृष्णा जी के चरणों में नमन!!

मेरा आप सभी बड़ों को चरण स्पर्श एवं सादर प्रणाम एवं छोटों को प्यार ॥

में कोई लेखिका नहीं हूँ, में भी अधिकांश महिलाओं की तरह एक साधारण ग्रहणी हूँ। एक संयुक्त परिवार से सम्बंध रखती हूँ, मेरे परिवार में मेरे पति नीरज गोयल जो कि अपनी दो बड़ी बहन एवं दो बड़े भाइयों के बाद पांचवें नंबर पर सबसे छोटे सदस्य हें! मेरे परिवार में शुरू से ही औटोमोबाइल्स का व्यापार होता आया है, और परिवार के तीनों बेटे संयुक्त रूप से पापा जी का व्यापार में हाथ बँटाते हैं! मेरी माँ तुल्य सासु माँ का जनवरी 2020 में देहांत हो गया था! मेरी बेटी कशिश गोयल जो कि मिरांडा हाउस (दिल्ली यूनिवर्सिटी) में बीए प्रथम वर्ष की छात्रा है, बेटा कार्तिक गोयल संत फ़िडेलिस स्कूल में 8th क्लास का छात्र है।

मेरा उद्देश्य कोई लेखिका बनने का नहीं है, बस खाली समय में दिमाग़ में जो आता था लिख देती थी, एक दिन मेरी बेटी कशिश ने मेरी लिखी कविता पढ़ी शायद उसको पसंद आयी मुझे और लिखने के लिए प्रोत्साहित किया, मुझे भी और लिखने की प्रेरणा मिली, अब मुझे लिखने में रुचि आने लगी, धीरे धीरे मेरी कविताओं का संग्रह हो गया माता पिता बच्चों की प्रेरणा होते है परन्तु मुझे यह कहते हुए बहुत गर्व महसूस हो रहा है कि मेरी बेटी मेरी प्रेरणा है, शायद ये जो थोड़ा बहुत मैं कुछ लिख पायी हूँ सब मेरी बेटी के कारण है, मेरे बेटे कार्तिक ने सभी कविताओं को एक किताब का रूप देने का आग्रह किया, क्योंकि में एक संयुक्त परिवार में रहती हूँ और संयुक्त परिवार में एक दूसरे से विचार विमर्श करके ही किसी कार्य को किया जाता है तो मैंने जब अपनी कविताओं के बारे में अपने पिता तुल्य ससुर जी को बताया तो उन्होंने कविताओं के संग्रह से कुछ कविताओं को पढ़ा और सुना, उन्होंने मुझे तुरंत किताब पर कार्य करने की सलाह और परमिशन दी और साथ ही ये भी कहा कि इस किताब को बनाने में जो भी खर्च आएगा उसे वो देंगे, मेरे पति नीरज गोयल ने तुरंत सहर्ष दिल से इसको स्वीकार करते हुए किताब का रूप देने की ठान ली शायद मुझे ऐसी उम्मीद नहीं थी कि मेरा परिवार मेरे इस कदम में इस तरह से साथ खड़ा होगा! इसके प्रकाशन की ज़िम्मेदारी मेरे बेटे कार्तिक ने उठा ली कि पब्लिकेशन कहाँ पर कराना है, कैसा रूप देना है आदि आदि और इस तरह से इस किताब का प्रकाशन हुआ में अपने पूरे परिवार का धन्यवाद देना चाहूँगी कि उन सभी ने इस किताब को बनाने में अपने अपने स्तर से पूरा सहयोग किया!

मेरा इस किताब को लिखने का बस एक ही उद्देश्य है कि आज की महिला जो सिर्फ घर के काम काज तक सीमित रहती है अगर वो चाहे तो शायद समाज के किसी एक हिस्से को अपनी जिम्मेदारी समझते हुए उसके उत्थान के लिए सहयोग कर सकती है! इसी क्रम में आप सभी के सहयोग से इस किताब की बिक्री से जो भी सहयोग राशि इकट्ठी होगी उसे हमारे देश के उन अनगिनत अनाथ बच्चों के विकास के लिए खर्च किया जाएगा जिनका इस दुनिया में कोई नहीं है, या होते हुए भी उन्हें ये पता ही नहीं है कि उनके माता पिता कौन हैं जिन्हें एक लावारिस कि तरह से इस दुनिया में भटकने के लिए छोड़ दिया है, जिनके ऊपर रहने के लिए छत नहीं है, खाने के लिए दो वक्त कि रोटी नहीं है, पहनने के लिए कपड़े और जूते चप्पल नहीं है! मेरा प्रयास होगा कि एक ट्रस्ट के माध्यम से उन सभी बच्चों तक पहुँच पाऊँ जिनको इसकी सबसे अधिक आवश्यकता है! अंत में हो सकता है इस किताब में मेरे लिखे शब्द से अगर किसी को पीड़ा हो तो में उसके लिए पहले से ही क्षमा प्रार्थी हूँ! मेरा उद्देश्य किसी कि भावनाओं को ठेस पहुँचाना नहीं है!

धन्यवाद

पूजा गोयल (साँवरिया)

पूजा गोयल
लेखिका

`:- शुभकामना संदेश -:

रमेश चंद गोयल
चेयरमैन
जटटारी ग्रुप ऑफ ऑटोमोबाईल्स
सराय रहमान जी टी रोड अलीगढ़
फोन 9719103783

"समर्पण " ये एक किताब ही नहीं, बल्कि आज की युवा पीढ़ी के लिए एक संदेश है कि अगर मन में ठान लो तो कुछ भी सम्भव है।

मेरी छोटी बहु कम बेटी पूजा, जो कि एक ग्रहणी के रूप में अपने परिवार की सभी ज़िम्मेदारियों को निभाती आ रही है, मुझे भी नहीं मालूम कि उसने कब और कैसे लिखना शुरू किया ? लेकिन जब मुझे पता चला कि वो कुछ लिखती है और जब उसकी लिखी हुई लाइनों को देखा तो मैं अचंभित रह गया। जब इन सभी कविताओं के संग्रह को एक किताब के रूप में पिरोने की बात आयी तो मेरी ख़ुशी का भी ठिकाना नहीं रहा।

मेरी तरफ़ से इस किताब के प्रकाशन के लिए जट्टारी परिवार के सभी सदस्यों को बहुत बहुत शुभकामनाएँ। मैं ईश्वर से प्रार्थना करता हूँ कि इस किताब को बनाने का जो उद्देश्य रखा गया है उसमें पूजा को सफलता हासिल हो और इस संस्करण की बिक्री का दायरा उम्मीद से भी बढ़ कर हो जाए। एक बार फिर से पूजा को अपने जीवन की पहली किताब "समर्पण" के प्रकाशन की बहुत बहुत शुभकामनाएँ। कान्हा जी हमेशा उसे ख़ुश रखें और उनका आशीर्वाद हमेशा उसके साथ रहे ॥

धन्यवाद

रमेश चंद गोयल

:- कृष्णा के नाम एक चिट्ठी -:

कृष्णा, एक चिट्ठी तेरे नाम लिख रही हूँ

हाले दिल बयां तेरे साथ कर रही हूँ

ये तेरा दिया तन, मन और धन, सब तेरे नाम लिख रही हूँ

कृष्णा, एक चिट्ठी मैं तेरे नाम लिख रही हूँ

ये तेरी दी सांसे है, उन साँसों को तेरे नाम लिख रही हूँ

ये जन्म जीवन मोह माया में फंसा हे

ये धन दौलत, मोह माया बस तेरे नाम लिख रही हूँ

कृष्णा, एक चिट्ठी तेरे नाम लिख रही हूँ

हे कृष्णा! जो कुछ मिला बस मिला तुम्हीं से

जो कुछ खोया, खोया जग से

जो कुछ वापिस मिला तुम्हीं से

अब सब कुछ न्योछावर करूँ तुम्हीं पर

कृष्णा, एक चिट्ठी तेरे नाम लिख रही हूँ

सारी दुनिया घूमीं मैंने, ना कोई वृंदावन जैसा धाम

अब बस मेरा जीवन तेरे नाम

कृष्णा, एक चिट्ठी तेरे नाम लिख रही हूँ

मन भी राधे, तन भी राधे, जप भी राधे, तप भी राधे

जीवन भी राधे, मरण भी राधे, तेरे जैसा कोई नहीं श्याम

कृष्णा, एक चिट्ठी तेरे नाम लिख रही हूँ

सारी चिंता दूर भगाओ, नाम जप में मैं लग जाऊं

कैसे मैं तुझसे मिल पाऊं, कैसे इस काल - चक्र से मुक्ति पाऊं

तेरे जैसा कोई नहीं श्याम

कृष्णा, एक चिट्ठी तेरे नाम लिख रही हूँ

हाले दिल बयां तेरे साथ कर रही हूँ!!

जीते जी की माया है ये कौन समझ पाया है

अंत समय का कोई नहीं साथी, बस साथ तेरे ही जाना है

कृष्णा, एक चिट्ठी तेरे नाम लिख रही हूँ

तन, मन, धन, यश तेरे नाम, जीवन मरण सब तेरे नाम

कृष्णा, एक चिट्ठी तेरे नाम लिख रही हूँ

हाले दिल बयां तेरे साथ कर रही हूँ!!

:- एक संदेश कृष्णा तेरे नाम -:

किसी ने पूछा आपने ईश्वर को देखा है, सुनिये ईश्वर सर्वत्र है, जहाँ इंसानियत है वही ईश्वर है, ईश्वर ने ये संसार रचा है, कर्मों के अनुसार सबको उसका फल दिया है मानवता को अपने अन्दर जीवित रखो

क्योंकि जहाँ मानवता जीवित है वही ईश्वर का वास है, ईश्वर का वास कण कण में है बस हमें अपने अंदर ईश्वर को महसूस करना है, देखो इस संसार को चारों तरफ कितना कष्ट है और महसूस करो कि ईश्वर ने हमें कितना समर्थ और सम्पूर्ण बनाया है

और हमें ये सामर्थ्य दी की हम किसी के जीवन में फूलों की तरह खुशबू महका सके, जल के जैसे किसी की प्यास बुझा सके, वृक्ष जैसे छाया प्रदान कर सके

दीपक के जैसे किसी के अंधेरे जीवन को रोशन कर सके, ईश्वर हम सबको निमित्त बना कर भेजता है, अब ये सब हम पर निर्भर है की हम ईश्वर के दिये इस नश्वर शरीर को विश्व कल्याण हेतु प्रयोग करते है या उनके दिये हुए अनमोल जीवन को निरर्थक जाने देते है

कृष्णा ने भिन्न भिन्न रूपों से नवाजा मानवीय संरचना को
अनुपम, अद्वितीय जग कल्याण हेतु बनाया अनमोल रतन को
माना अनगिनत कल्पना है कृष्णा की
किन्तु अनेक नेक गुणों से सजाया मानव जीवन को
मानव जीवन अनमोल है साथी, इसकी अनुभूति उससे भी अनमोल है प्यारे
ईश्वर निर्मित मानव जीवन को लगाओ उत्तम कर्मो में
अहसास करो खुद में ईश्वर ने क्या दिया तुमको
सम्पूर्ण बनाया, खुद जीने के काबिल बनाया
शुक्रिया तेरा कृष्णा, तूने इतना सक्षम बनाया
देखो, इस रंग बदलती दुनिया में
अंग विहीन इंसानों को, भूख से तड़पते लोगों को
अपनी बदनसीबी पर रोते, बिलकते लोगों को
शुक्रिया कृष्णा इतना समर्थ बनाने के लिए
दिया इतना सब कृष्णा ने
ऐ मानव! अब तेरे बारी है, कुछ करने की अब तेरी क्या तैयारी है
देख ऐ मानव सूरज को नदी, सरोवर, समुन्दर से

पानी ग्रहण कर

बादल बन पानी बरसा जीवन देता हमें

देख ऐ मानव चन्द्रमा को रात भर खुद चमक कर

अँधेरे को चिर कर रोशन करता हमें

देख ऐ मानव! उन वृक्षों को

धूप, छाँव से परे, खुद झुक कर

फल, सब्ज़ी आदि शीतल छाया दे हमें

देख ऐ मानव! उस नदियों को

खुद बह कर मीठा जल दे हमें

आओ सीखो इन प्राकृतिक सम्पदा से

काम आओ किसी के, बन जाओ किसी का जीवन

अपने भीतर मानवता को जीवित रख

बन जाओ तुम दीपक

कर्मों की भट्टी में तप कर किसी के जीवन को बना दो कुंदन

सूरज सा प्रकाश बनो तुम सागर से गहरा हृदय तुम्हारा हो

जग से तुम ज़ब जाओ, ऐसे जाओ तुम हँसो, जग रोए सारा

:- समर्पण -:

हे कृष्णा तूने ये जन्म दिया, जीवन दिया, साँसे दी, सम्पूर्णता दी,

अपनों का साथ दिया, विश्वास दिया, जीने के काबिल बनाया,

इतना समर्थ बनाया कि, किसी के जीवन में कुछ क्षण मुस्कान बन सके

किसी का सहारा बन सके और नेकी के पथ को अपना कर

अन्य के जीवन को महका सके!

हे कृष्णा! इतना सब देने के लिए शुक्रिया तेरा, मुझे अपने अभिभावकों का प्यार मिला,

समाज में सम्मान मिला, एक नाम मिला, पहचान मिली,

हे कृष्णा! देखती हूँ उन अभिभावक विहीन बच्चों को,

हजारों दर्द अपने हृदय में समेटे हुए बस एक माँ के ममतामय स्पर्श के लिए सिसकते हुए,

पिता की पहचान के लिए, अपनों के साथ के लिए, जीवन में हर पल बस संघर्ष से जुझते,

डूबते सूरज से मायूस, इस इंतजार में कब उम्मीद की भोर होगी,

कब सफलता रूपी किरण जीवन में डेरा डालेंगी, कब अपनी पहचान होगी,

समाज में सम्मान होगा, कब ये गम के काले बादल छटेंगे, कब जीवन में कोई अपना भी होगा

कब किसी का स्नेह भरा स्पर्श होगा, जाने कब अपना परिवार होगा

हे कृष्णा! हिम्मत देना ऐसे बच्चों को, अपना साथ देना, जैसा मुझे दिया है ,

तेरा शुक्रिया कृष्णा हर पल मेरे साथ चलने के लिए, मेरा हाथ अपने हाथों में लेने के लिए,

मेरे जीवन को इतना समर्थ बनाने के लिए

हे कृष्णा! शर्मसार है वो माँ, वो पिता जो अपने बच्चों को समाज के डर से कूड़े के ढेर पर

किसी मंदिर की सीढ़ी पर या किसी अनाथ आश्रम में उनकी किस्मत पर छोड़ कर चले जाते

है

क्या कसूर है उन बच्चों का, उनकी गलतियों की सजा क्यों उन मासूम बच्चों को मिलती है,

क्यों पूरी उम्र एक अपमानित जीवन जीना होता है,

हर पल, संघर्ष की भट्टी में तपना होता है, क्यों उनको समाज का तिरस्कार सहना होता है

क्यों अपनी पहचान के लिए उनको तरसना होता है,

जीवन की हर कसौटी पर खरा उतरना होता है,

समाज को उनके उज्ज्वल भविष्य के लिए कोशिश करनी होगी,

उनके लिए अपने नज़रिये को बदलना होगा, और उन्हें समाज में सम्मान दिलाना होगा

आज ममतामय माँ तू पत्थर बनी है, तू मुझे छोड़ कहाँ जा रही है

माँ! तेरे बिना निर्जीव हूँ मैं, किसके हवाले कर मुझे जा रही हैं

नौ माह रखा अपने गर्भ में, हर दिन एक मीठी लोरी सुनाई

हर प्यार मुझपर है वारा, हर दिन सुरक्षित मुझको है रक्खा

अब मैं आया हूँ एक संसार में, मुझे किसके हवाले छोड़ तू जा रही है

ऐ माँ! तेरे आँचल की छाँव चाहिए मुझको ,

इस मंदिर की सीढ़ी पर मैं जल जाऊंगा, कैसे मैं अकेले रह पाऊंगा

ऐ माँ! मुझे तेरा प्यार, दुलार, तेरा अहसास चाहिए

मुझे छोड़ तू कहाँ जा रही है

मैं इस कूड़े के ढेर में कैसे जी पाऊँगा

मैं कैसे इस निर्दयी दुनिया में लोगों से लड़ पाऊँगा नौ माह की पीड़ा सही तूने

तेरा अंश हूँ मैं, कैसे तू मुझे छोड़ जा रही

ममतामय माँ तू पत्थर बनी है

कैसे खोखले समाज के संस्कार पाऊँगा

कौन मेरी पहचान होगा, कैसे मैं खुद को आसमान की बुलंदी तक पहुँचाऊंगा

आज तेरी ममता शर्मसार हो रही है, तू मुझे सड़क पर छोड़ जा रही है

कैसे तेरा हृदय पाषाण बना है

क्या कसूर है मेरा माँ, क्यों मुझे छोड़ तू जा रही है

तेरे साथ के बिना जीवन रंगहीन है, कभी तेज धूप कभी सुनामी सी लहरे हैं

कैसे अकेले पार करके मैं आऊँ

काटों सा है जीवन अब मेरा, कैसे मैं खुद को बचाऊँ

तू मुझे छोड़ कहाँ जा रही है

आज ममतामय माँ तू पत्थर बनी है

क्यों लायी इस दुनिया में मुझको

अगर दर दर ठोकर खाने को ही छोड़ना था

क्यों सींचा इस नन्ही कली को

क्यों भरोसा दिया, विश्वास दिया, अब तू मुझे छोड़ कहाँ जा रही है

आज ममतामय माँ तू पत्थर बनी है.....

:- पुरुषों को समर्पित -:

युगों युगों से केवल नारी के त्याग की चर्चा की गयी है, इतिहास के हर पन्ने पर नारी के त्याग और पुरुषों के शौर्य की गाथाएं है | ईश्वर ने नारी और पुरुष दोनों को बनाया तो समान रूप से बनाया! दोनों को एक गाड़ी के दो पहिये ही समझिये नारी बिन पुरुष अधूरा जैसे, वैसे ही हर स्त्री भी पुरुष बिन अधूरी होती है, जाने क्यों पुरुष का समर्पण कोई समझ नहीं पाता, क्यों उसका त्याग किसी को दिखाई नहीं देता, क्यों पुरुष की कठोरता को उसकी बुराई समझा जाता है आइये पुरुष को एक अलग दृष्टिकोण से देखने की एक छोटी सी कोशिश करें |

सांवली सूरत तेरी, मोहिनी सीरत तेरी

कृष्णा की बनायीं, कितनी सुन्दर प्रतिमा तेरी

तेरा स्वाभिमान, तेरा अभिमान ही है ढाल मेरी

भिन्न भिन्न रूपों में निभाये ज़िम्मेदारी अपनी

पिता, पुत्र, भाई और कभी पति बन कर निभाये, जिम्मेदारी अपनी।

माता पिता का हर आदेश हो सर आँखों पर,

माता पिता ने मुझे बनाया, अब बारी है मेरी।

हर फ़र्ज़ को पूरा करने की, अब उसने है ठानी ,

कैसे बनाऊँ सामंजस्य रिश्तों में अब सोचने की हैं उसकी बारी,

कहते हैं, नारी अपना घर आँगन छोड़

अपने सुनहरे सपने पीछे छोड़ आती है

परीक्षा है अब पुरुषों की,

परिवार और दुल्हन के बीच सामंजस्य बैठाने की

ये कड़ी परीक्षा पुरुषों की ,

अर्धांगिनी के सपनों को पूरा करने की

घर के हर फ़र्ज को पूरा कर

उसके जीवन को सुखद बनाने की

अब उसकी बारी है।

खुद चंदन सा घिस

उसको महकाने की अब उसकी तैयारी है

माना की माँ नौ माह पीड़ा उठाती है

पर संघर्षों में खुद तप कर

उसको सम्पूर्ण बनाने की अब उसकी बारी है

नौ माह की पीड़ा माँ की, पर त्याग भी है उसका

कोई समझ ना पाता है

हर दिन का वो त्याग उसका कभी ना गिना जाता है

वो हर फ़र्ज अपना निभाएगा

परिवार को एक सूत्र में बांध कर

अपनी हर कसौटी पर खरा उतर जाएगा

अब वो बना है खुद पिता तो अपना दायित्व निभाएगा

एक पिता की प्रतिज्ञा,

खुद अग्नि की भट्टी में जल कर

बच्चों को काबिल बनाएगा

दुनिया का वो हर सुख देगा

जिसको वो दे पाएगा

सूरज सा उनका तेज होगा

धरती से चाँद तक पहुँचाएगा

खुद दीपक बन कर

उनको जीवन के हर अंधेरे में रास्ते दिखाएगा

हार नहीं मानेगा

अपने जीवन पर्यन्त तक

अपने परिवार की ढाल बनेगा

खुद अग्नि में तप कर

रास्ते के हर काँटों पर बिछ कर

सब रास्ते आसान बनाएगा

सांवली सूरत तेरी, मोहिनी सीरत तेरी

कृष्णा की बनायीं

कितनी सुन्दर प्रतिमा तेरी

:- जीवन का कटु सत्य -:

बचपन से जवानी तक, जवानी से रवानगी तक

बस बदलते किस्सों के पल है

हर दिन की कशमकश, हर दिन के अनुभव है

बचपन का प्यार दुलार, हवा का शीतल झोंका है

वो माँ की लोरी, पिता की थपकी

अनकहा स्नेह का पल है

बचपन से जवानी तक , जवानी से रवानगी तक

बस बदलते किस्सों के पल है

जवानी की तपती दुपहरी, संघर्ष का अनुभव है

कभी पहचान की कशमकश, तो जीवनसाथी के साथ के पल है

कभी नव रतन की किलकारयों की गूंज,

उनको आदर्श बनाने का सिलसिला

इस विश्वास से साथ, निशाकाल में डूबती नैया का किनारा वो

ये अनुभव भरे किस्से, बचपन से जवानी तक, जवानी से रवानगी तक

बस बदलते किस्सों के पल है

कभी मीठे, कभी कड़वे

किसी के साथ के, किसी के बिछड़े के अनुभव है

कभी वसंत सा ये जीवन, तो कभी पतझड़ का मौसम है

कभी बारिश सा ढंडापन, तो कभी तूफ़ान का मंजर

कभी होंठों पे हँसीं, कभी दिल में पागलपन

ये जीवन भी क्या जीवन, बस बदलते किस्सों के पल है

बचपन से जवानी तक, जवानी से रवानगी तक

बस बदलते किस्सों के पल है

जीवन का अति कड़वा सच, बच्चों के बड़े होने का सच

जिन उँगली पकड़ कर चल बड़े हुए

जिन कंधों पर बैठ दुनिया देखी

ये अचानक इतने बड़े हो गए, उन्हीं के निर्णय प्रश्न -चिन बन गए

दिये स्नेह को भूल कर, अब वो कठघरे में खड़े हुए
ज़ब दिन आये उनके ये प्यार पाने के
चिंताओं के घेरे में खुद खड़े हो गए
बचपन से जवानी तक क़ी तपस्या, पल में वो धराशाही हो गई
कौन समझाये इन नादान दीपक को
जिस नींव पर तुम खड़े हो, वो मेरी जमीं है
बचपन से जवानी तक, जवानी से रवानगी तक
बदलते किस्सों के पल है
जीवन मझधार में नैया, जाने कौन है खिवैया
जाने पतवार किस हाथ में, कैसे कश्ती किनारे लगाये
निशाकाल क़ी बेला, जीवन क़ी अंतिम बेला
प्रभु नाम है पतवार, और बस प्रभु ही खिवैया
स्वीकार करना होगा, इस दुर्गम पथ को
प्रभु के सिमरन से खुद को भव से पार करना होगा
बचपन से जवानी तक, जवानी से रवानगी तक
बस बदलते किस्सों के पल है

:- कारवाँ वक़्त का -:

कृष्णा! ये कारवाँ है वक़्त का निकल जायेगा बस पैरो के निशान छोड़ जायेगा

कौन अपना है, कौन पराया है दिल की गहराइयों में बैठ जायेगा

ना खबर थी जो दिल में बसा है वही जख्म का कारण बन जायेगा

टूटा है दिल और विश्वास मेरा अब मेरा घर मेरा नहीं रह जाएगा

बहुत दुखी और रोई थी मैं मेरी इन सिसकियों को ना कोई समझ पायेगा

अब सब कुछ है मेरे पास, पर कुछ नहीं, ये विश्वास बिखर सा जाएगा

कृष्णा, ये माला के मोती समेटूँ मैं कैसे ये पतझड़ के पत्ते बटोरूँ मैं कैसे

ये टूटे हुए सितारे समेटूँ मैं कैसे ये कागज की किश्ती चलाऊँ मैं कैसे

जीवन की नैया चलाऊँ मैं कैसे इस मझदार का जाने अब कौन खिवैया

अब डोर किस हाथ सौंपूँ इस जीवन पथ पर काँटे अनको

कैसे इन काँटों से पार आऊं नहीं चाह है अब जीने की

ये तेरे रहते क्या हो गया अटूट था तुझसे दिल का रिश्ता

तुझे ही माना था मझ धार का खिवैया फिर क्यों तोड़ा विश्वास मेरा

तू ही था मेरे जीवन में अपना, क्यों दिखायी ऐसी ये दुनिया

मैं तो ऐसे ही खुशहाल थी कैसे समझाऊं इस नादान दिल को

जीवन की उलझन को कैसे सुलझाऊं तुम पर ही है भरोसा और विश्वास मेरा

तुम्ही सहारा हो इस डूबती नैया का तुम्ही पतवार और तुम्ही खिवैया

मुश्किल में मन और जीवन मेरा

कैसे मैं भँवर से पार आऊं मिले साथ और विश्वास तेरा

मेरी क्या हस्ती है तेरे बिना कृष्णा तू ही है दाता तू ही किनारा ||

:- प्रियतम ना जाओ -:

प्रियतम ना जाओ, तुम बिन सुना मेरा जीवन

प्रियतम, तुम मेरे मन के दीपक

तुम ही मेरा दर्पण हो

करूँ कैसे स्वीकार, करूँ कैसे स्वीकार

अब तुम नहीं मेरे जीवन की ज्योति

जो मुझे विदा कर लाया अपने घर - आँगन में,

अब कैसे विदा करूँ मैं तुमको

रंगों से सजाया मुझको, फूलों से महकाया मुझको

चंदन सा शीतल बनाया मुझको

सजाया मेरे रंग - विहीन जीवन को

अब कैसे विदा करूँ मैं तुमको

तुम मेरे माथे की बिंदियाँ, तुम मेरे आँखों का काजल

तुम मेरी माँग की शोभा, तुम मेरे होंठों की लाली

तुम मेरे हाथों की खनखन, तुम मेरे पैरो की छनछन

तुम बिन ये सब निराधार है,जीवन मेरा अब अभिशाप है

जो मुझे विदा कर लाया अपने घर -आँगन में

अब कैसे विदा करूँ तुमको मैं, तुम ही मेरे मन का द्वार

तेरी खुशबू से महका जीवन मेरा

मेरे जीवन की भौर हो तुम, मेरा हर दिन तुमसे उज्जवल

मेरी रातों की निंदिया तुम हो

ये जीवन तो अग्नि पथ है , उस पर फूलों की सेज हो तुम

जो मुझे विदा कर लाया अपने घर - आँगन में

अब कैसे विदा करूँ मैं उसको

प्रियतम ना जाओ, तुम बिन सुना जीवन मेरा

प्रियतम तुम मेरे मन के दीपक

तुम ही मेरा दर्पण हो....

अब मेरा जीवन पतझड़ है ,माँग भी है अब सूनी सूनी

मन भी बिलकता सा, आँखें भी है भीगी भीगी

प्रियतम ना जाओ, बिखरा बिखरा मन का द्वारा....

:- सूना सूना सा जीवन -:

अकेला तन, मन ये जीवन मेरा , सूखे अजीण वृक्ष के जैसा

सूना सूना सा जीवन मेरा, सूखी उजड़ी घास के जैसा

छिन्न भिन्न ये जीवन मेरा, पतझड़ के मौसम के जैसा

बिना उमंग और तरंग लिए, निराशा हताशा से भरा मेरा ये जीवन

सूखे रेगिस्तान के जैसा, मन में निराशा के दीप लिए

दुखित, द्रवित मेरा जीवन

आँखों में कुछ अनकहे सपने लिए मेरा जीवन

ना आस है, ना विश्वास है , स्वप्न रहित, तिरस्कृत मेरा जीवन

अकाल सा प्यासा मेरा जीवन

शून्य हृदय,आँखों में असीम पीड़ा लिए

सुनामी की लहरो जैसा मेरा जीवन

अमावस्या की काली रात सा, भुजी दीप की लो जैसा मेरा जीवन

आँखों में आंसुओं का सैलाब लिए, मृगतष्णा लिए मन में

अशांत चित मेरा जीवन

कृष्णा, शांत करो मन की इस दुविधा को

हृदय के नाजुक कोनों में, विचलित मन की पीड़ा को

अपनी करुणा से गंगा सा शांत करो

अपनी कृपा दृष्टि से पावन वायु सा शांत करो

आ जाओ मेरे मन मंदिर में, आशाओं का दीप लिए

मेरे जीवन को उपवन कर दो, उम्मीदों की ज्योत लिए

मेरा जीवन भी हो तेरे रंग में रंगा हुआ, कोई रंग ना फिर चढ़ पाए

बस रंग हो तेरे साथ का राधे,, आओ मेरे जीवन में वसंत सी हरियाली लिए

हृदय का कोना, कोना हो प्रफुल्लित, कृष्णा तुम्हारा सा तेज लिए ॥

:- अभिमान न कर -:

मिट्टी का ये जीवन है, मिट्टी का ये तन मन है

अभिमान का जो बीज है ये, मिट्टी में मिल जाना है

घमंड ना कर खुद पर तू धन तो आना जाना है

घमंड गया रावण का अपने झूठे अभिमान में

पूरा अपना वंश गवाया अपने ही अभिमान में

जीवन है दो दिन का मेला माया आनी, जानी है

तन का क्या है, तन है मिट्टी, मिट्टी में मिल जानी है

मिट्टी का ये जीवन है, मिट्टी का ये तन, मन है

अभिमान का जो बीज है ये, मिट्टी में मिल जाना है

खुद को तू खुदा ना समझ हम सब मिट्टी के पुतले है

घमंड गया कंस का भी अपने मद के अभिमान में

पूरा अपना प्रभुत्व गवाया अपने झूठे अभिमान में

हम सब केवल कठपुतली हैं कृष्णा की, जो उनकी ही डोर से चलते हैं

मद ना कर खुद पर बन्दे, ये जीवन बस क्षण भर का

मिट्टी का ये जीवन है मिट्टी का ये तन मन है

अभिमान का जो बीज है ये, मिट्टी में मिल जाना है

ये जीवन और जन्म कृष्णा का आदि और अंत सब कृष्णा का

मद गया हिरणाकश्यप का खुद को ईश्वर समझने के अभिमान में

रत्ती भर अंश ना बचा अपने झूठे अभिमान में

यही फर्क है हममें और उनमें, हम नर वो नारायण है

मैं हूँ संसार के हाथों में, संसार उनके हाथों में

हम सब मिट्टी के एक ढेले, मिट्टी में मिल जाने हैं

मिट्टी का ये जीवन है, मिट्टी का ये तन, मन है

अभिमान का जो बीज है ये, मिट्टी में मिल जाना है

:- आंसू तुम करुणा हो हर मन की -:

आँसू तुम करुणा हो हर मन की, मोती बन कर बहा करो

आंसू तुम सिसकी हर दिल की, पीड़ा बन कर बहा करो

आंसू तुम बारिश की बुंदे हो, झिल मिल झिल मिल बहा करो

आंसू तुम अश्रुधारा हर मन की, तुम चंचल सी बहा करो

हर आँखों के आंसू हो तुम, बयां करती मन की पीड़ा को

मलिन धारा सी बहा करो, आंसू तुम सैलाब हो हर मन के

सागर की लहरो सा बहा करो

आंसू तुम बुझे हुए मन के दीपक हो तुम तेज सी धारा बहा करो

आंसू तुम करुणा हर मन की, मोती बन कर बहा करो

आंसू तुम दर्द हो हर मन के, मुस्कान बन कर बहा करो

कभी खुशी के आंसू हर मन के भावों की अभिव्यक्ति सा बहा करो

दुख में भी आंसू, और सुख में भी आंसू मन के हर बोझ का साथी हैं आंसू

मन की मलिनता को धो कर गंगा सी बहा करो

आंसू तुम करुणा हो हर मन की मोती बन कर बहा करो ||

:- पुत्र वियोग -:

आज मन अतृप्त, कंठ रुद्र मेरा, देख माता पिता की असीम दुख वेदना

पुत्र मृत्यु के विरह की वो विषम -वेदना वो असीम दुख, वो हाहाकार

वो भीगी भीगी आँखें वो विचलित मन

माँ का वो सुना आँचल

पिता की खामोश आँखें

जो बयां करती मन के गहरे दुख को

वो भाभी की सिसकियाँ बड़े भाई की वो घबराहट,

कैसे लाऊँ वापस बीते दिनों को

वो पल क्या थे, निःशब्द हूँ मैं

नहीं बयां कर सकती, उस दुख - वेदना को

वो मंजर अलग था, वो समय अलग था

कैसे वो पल वापस आएँ, कैसे वो अपने पुत्र को वापस पाएँ

कैसे सम्हालें वो अपने मचलते हृदय को

पुत्र विरह को वो कैसे अपनाये

जिस पुत्र को पाला उम्मीदों से

कैसे मानें नहीं वो साथ मेरे

ये कैसी घड़ी है, ये कैसी विवशता

हर पल है बस थमा थमा सा, हर आँखों में सिसकी

हर मन करुणा से भरा हुआ

बीती वो मीठी मीठी रातें ज़ब नैनों में आयेंगी

सागर से गहरी विरह - वेदना कैसे सही जायेगी

कैसे रुकेंगे आंसू उस माँ के, कैसे पिता की चुप्पी टूटेगी

कृष्णा तुम शक्ति देना उन माता पिता को

जिन्होंने पुत्र की विरह-वेदना पायी है ॥

:- मन क़ी कुंज गलियों में -:

आज मन क़ी कुंज गलियों में, अँधेरी निराशा का वास है

आशा के दिये जला कर, जीवन को रोशन बनाना है

ज़ब अस्त होता सूरज, अंधेरा तब नहीं प्यारे

मन क़ी बुझी आशा, अँधेरी रात का पैगाम है

मन क़ी बुझी आशा को, आशा रूपी सागर क़ी लहरों जैसा बहने दो

सागर से निकले मोती जैसा खुद को मोती बनाना है

आज मन क़ी कुंज गलियों में अँधेरी निराशा का वास है

आशा के दिये जला कर, खुद को मोती बनाना है

माना सफलता क़ी राह में कांटे बहुत है,

पर खुद उन काँटों को हटा कर मंजिल बनाना है,

निराशा के दुर्गम पथ को खुद फूलों से सजाना है

आज मन क़ी कुंज गलियों में, अँधेरी निराशा का वास है

आशा के दिये जला कर, पथ को रोशन बनाना है

मन के गलियारे में, निराशा का अमावस सा अंधेरा है

खुद को जुगनू सा जला कर, पूर्णिमा सा बनाना है

आज मन क़ी कुंज गलियों में, अँधेरी निराशा का वास है

आशा के दिये जला कर, पथ को रोशन बनाना है

सच तो ये है प्यारे, अँधेरे में ही जीव का सृजन होता है

पौधा भी मिट्टी के अँधेरे गर्भ से जन्म लेता है

बच्चा भी माँ के अति अँधेरे गर्भ से जन्म लेता है

वैसे ही प्यारे, हटाओ निराशा के अँधेरे को खुद को दीप सा जलने दो,

तारों सा चमकने दो फूलों सा खिलने दो लाख मुश्किलें आएंगी जीवन में

खुद को तूफानी रातों में चट्टान जैसा दंड रहने दो

आज मन क़ी कुंज गलियों में, अँधेरी निराशा का वास है

:- विचलित मन -:

आज विचलित मन है मेरा, छा रहा है घना अंधेरा

द्वंद का जो बीज है, मन के दुख को है ये घेरा

प्रबल पीड़ा छा रही है, अशांत संतप्त सा मन है मेरा

काले बादल सा अंधेरा छा रहा है, बन आँसुओं का सैलाब

उमड़ रहा है उठ रही सुनामी सी लहर है मन में

दुख की घनी पीड़ा है छायी, व्यथित हृदय काँप रहा है

ज्वारभाठा सी लपटें फ़ैल रही हैं

त्रस्त हृदय चीत्कार रहा है, निराशा के काले बदल छा रहे हैं

आशाओं के दीप भुज से रहे हैं, मन में व्यथा का अंकुश पनप रहा है

धैर्य भी जैसे हृदय से जा रहा है, मन में बेचनी, घबराहट डेरा डाल रही है

ठहरो, ठहरो, जरा ठहरो मन में उठे द्वंद जरा ठहरो

पुनः धैर्य को हृदय में करो धारण, निराशा के काले बादल फिर छटेंगे

आशाओं के दीप पुनः प्रज्जलित होंगे, हृदय में पुनः आनंद होगा

दुख की पीड़ा पुनः छटेगी, मन फिर प्रफुल्लित होगा

सुनामी की लहरें शांत भी होंगी

सूरज ढलता है पुनः चमकने के लिए

अमावस आती है पुनःपुण्यमासी के लिए

निराशा की संध्या आती है आशाओं की बेला लिए ॥

:- आदत हो गयी तेरी -:

आदत हो गयी तेरी, गम में भी तेरे साथ मुस्कराने की

आदत हो गयी तेरी,

छोटी छोटी नोक झोंक में भी, तकरार में भी

आदत हो गयी तेरी,

हर खुशी में शामिल होने की, उसे अपना बनाने की

आदत हो गयी तेरी

जीवन के हर पथ पर साथ चलने की

आदत हो गयी तेरी

खुशबू से गुलजार मेरा आँगन,

उस आँगन में, तेरी भीनी- भीनी सी ख़ुशबू की

आदत हो गयी तेरी

उन दुख भरी रातों में, उन बेचैन रातों में तेरे साथ की

आदत हो गयी मेरी

तेरे बिन हम कुछ नहीं, मेरे रूठने पर मनाने की

आदत हो गयी तेरी

हर दिये दर्द में, साथ जीने की

आदत हो गयी मेरी

बिना तेरे मैं कुछ नहीं ये मेरा जीवन भी कुछ नहीं

हर रात है तन्हा, हर दिन है तपती धूप,

हर शाम है बंजर, खुशियाँ है पतझड़.

रेगिस्तान है जीवन तेरे बिना मैं कुछ भी नहीं

तेरे साथ की, तेरे विश्वास की,

आक्रोश की आदत हो गयी मेरी ||

:- आंसुओं का सैलाब -:

आये हुए गम को आँसुओं में बह जाने दो

आँसुओं के सैलाब को खामोशियों से गुजर जाने दो

मन की इस पीड़ा को दिल में ना बिठा प्यारे

आये आँसुओं के तूफान को खामोशियों से गुजर जाने दो

गम सबके जीवन में बहुत है

आये उन गमों को अपनी ताकत बना कर

आँसुओं में बह जाने दो

आये आँसुओं की बारिश को खामोशियों से गुजर जाने दो

जीवन के पथ पर धोखे मिले, जिन पथिक से

समझो कि वो जीवन का तजुर्बा दे गए तुम्हें

मिले उस तजुर्बे को अपनी शक्ति तुम बनाओ

धोखे से मिले गम को आँसुओं में बह जाने दो

आँसुओं के सैलाब को खामोशियों से गुजर जाने दो

अपनों से मिले गम पर गिला ना कर प्यारे

आयी मुश्किल के सफर में बस वही सहारा है

आये गम को आँसुओं में बह जाने दो

आँसुओं के सैलाब को खामोशियों से गुजर जाने दो ||

:- आशाओं को बहने दो -:

आशाओं, आशाओं इन आशाओं को बहने दो

मिटाकर निराशा को आशाओं को बहने दो

उदित होने के लिए अस्त होता सूरज जैसे

पंख फैलाये आशाओं को उड़ने दो वैसे

मिटाकर निराशा को आशाओं को बहने दो

अंधकार का तिमिर चीरकर दिये की लो के जैसे

आशाओं को प्रज्वलित होने दो

मिटाकर निराशाओं को आशाओं को बहने दो

आशा का स्वर्णिम रंग डालो निराशा को छोड़ दो

सागर की लहरो के जैसे आशाओं को बहने दो

मिटाकर निराशा को आशाओं को बहने दो

सागर सी ऊँची हो आशा कस्तूरी सा महकने दो

फिर से उदित सूरज के जैसे आशाओं को बहने दो

मिटाकर निराशा को आशाओं को बहने दो

निराशा के रंग हटाकर ज्वाला जैसा जलने दो

झरने की कल कल जैसे आशाओं को बहने दो

मिटाकर निराशा को आशाओं को बहने दो

अस्त होती लालिमा के जैसे

आशाओं को चमकने दो नभ से अंतरिक्ष तक

आशाओं को बहने दो मिटाकर निराशा को आशाओं को बहने दो ||

:- अनजान किताब -:

ज़िन्दगी एक अनजान किताब सी

कल का किसी को पता नहीं

हर डोर है कृष्णा के हाथों, एक पल का भी पता नही

हर पल मुस्कराकर जी ले

एक पल सब अच्छा है जीवन का , दूजे क्षण का पता नहीं

जीवन डोर रखी अपने हाथों में

जन्म, मृत्यु सब कृष्णा के हाथों में

आज रात्रि है, कल भौर हो ना हो, एक पल का भी पता नहीं

ज़िन्दगी एक अनजान किताब सी

मिले धन को लोक हित में लगा दो , धन तो आना जाना है

आज राजा है, कल रंक बन जाये, पल मात्र का पता नहीं

मिले सिंचित कर्मों से हस्त रेखाएं परिवर्तित हो जाये

ऐसा कृष्णा से गीता में ज्ञान मिला

हर पतवार रखी अपने हाथों, क्षण मात्र का पता नहीं

ज़िन्दगी एक अनजान किताब सी कल का किसी को पता नहीं

योजनाएं रोज बनाते हम सब है

पर होता वही जो कृष्णा चाहते है

कब होगी गर्मी, सर्दी, कब बदल बन नीर बरसेगा

कब आयेंगी सुनामी सी लहरें, कब तक ये जीवन होगा

अर्पण कर दे जीवन उनको, एक पल का भी पता नहीं

ज़िन्दगी एक अनजान किताब सी

कल का किसी को पता नहीं

नाज ना कर सुन्दर देह पर, देह तो नश्वर माया है

कर्मों को अनमोल बना ले

अंत में कर्मों का लेखा ही लिखा जाना है

हम सब है कृष्णा की कठपुतली

हर पल की लेखनी उसके हाथों में

ज़िन्दगी एक अनजान किताब सी

कल का किसी को पता नही

:- बेटा -:

मेरा मान हो तुम, अभिमान हो तुम,

जीवन की पतवार हो तुम, जीवन पथ की नींव हो तुम

दीप हो तुम इस बगिया के, रोशन तुमसे मेरा घर आँगन,

मेरी दी हर परवरिश की एक मिसाल हो तुम

मेरे दिये हर संस्कार की पहचान हो तुम,

पिता का यश बनोगे, जीवन में कुछ कर जाओगे

राम सी तेरी मर्यादा होगी श्रवण सी मातृ पितृ की निष्ठा होगी

कृष्णा सा तेरा प्रेम होगा सूरज सा तेरा तेज होगा

देश के लिए समर्पण भाव भी होगा हर नारी तेरे लिए पूजनीय होंगी

बेटा! मेरा मान हो तुम, अभिमान हो तुम

मेरा सम्मान हो तुम जीवन कठिन बहुत है

हर पथ जटिल बहुत है हिम्मत से अपनी तुम

दुर्गम पथ को पार करना सूरज सा तेज तेरा

हो सच्चा तेरा मन, तन और जीवन हो

सच्चाई के पथ पर चल आकाश को तू छू ले

जग में तेरा सम्मान, प्रतिष्ठा हो

किसी के जीवन को मुस्कान तू देना

बेटा! मेरा मान हो तुम, अभिमान हो तुम

रंग बदलती दुनिया में अच्छे, बुरे लोगों को पहचानना तुम

डॉ० विश्वास कहते हैं, जन्म का तो किसी को पता नहीं परन्तु मृत्यु के बाद भी

आप जीवित हो ऐसा तेरा जीवन पथ हो

बेटा! मेरा मान हो तुम, अभिमान हो तुम मेरे जीवन का सम्मान हो तुम ॥

:- कलम की ताक़त -:

कलम ताकत है इंसान क़ी, पहचान है बदलाव क़ी

समाज के उत्थान क़ी पिछड़े के विकास क़ी

व्यक्तित्व के बदलाव क़ी कुरीतियों के विनाश क़ी

भ्रष्टाचार से बगावत क़ी कलम ताकत है इंसान क़ी

पहचान है बदलाव की वो कलम की ताकत थी

डॉ अम्बेडकर ने संविधान लिख दिया

लैंगिक असमानता, सामंती संस्कृति,

दलितों को बराबर का सम्मान दिलवा दिया

ये ताकत है कलम की

ये क्रांति है बदलाव की कलम दो धारी तलवार है

बुराइयों के लिए विनाश है वो कलम की गूंज ही थी

मुंशी प्रेम चंद ने लेखनी से राजनीतिक पराधीनता

आर्थिक शोषण के विरुद्ध परचम फहराया

कलम ताकत है इंसान की

पहचान है बदलाव की जिसकी कलम ने जोड़ा पूरे राष्ट्र को

पंजाब से सिंध तक गाता पूरा देश, नमन है ऐसे गुरुदेव को

कलम ताकत है इंसान की पहचान है बदलाव की ॥

कलम ताकत है इंसान की पहचान है बदलाव की ॥

:- काग़ज़ -:

कागज तू मन की किश्ती हर मन की परिभाषा है

हर मन का चेहरा है तू हर मन की मधुर कहानी है

कोरे कागज पर हर मन की लिखी एक कहानी है

इतिहास से ले कर अब तक तू सबकी अमर कहानी है

हर कोरे पन्ने पर लिखी विद्वानों ने रोचक कहानी है

कहने को तू एक कागज पर संविधान लिखा तुझ पर हैं

कहने को तो तू एक कागज पर इतिहास लिखा तुझ पर हैं

वीरों की अमर गाथा का पुराण लिखा तुझ पर है

रामायण, महाभारत सब लिखें तुझ पर है

हर वेद पुराण का कारण तू सृष्टि का संचालक तू

कागज तू मन की कश्ती हर मन की परिभाषा है

मेरे दुख दर्द का साथी तू है मेरे समय का साथी तू है

कहने को तो तू एक कागज है पर मेरे जीवन का सुख भी तू है

मन के भावों को लिख कर जो मिलते खुशी के पल हैं

कागज तू कागज नहीं हैं मेरे सूने मन का साथी है

कागज तू मन की कश्ती हर मन की अभिलाषा हैं

जीवन की हर परीक्षा तुझसे, जीवन की हर सफलता तुझसे

तू हर जीवन की कश्ती तू हर जीवन की अभिलाषा

कहने को तू एक कागज हैं पहचान सबकी बस तुझसे

कागज तू मन की कश्ती हर मन की परिभाषा है ॥

:- मानव संरचना -:

कृष्णा, अद्भुत मानवीय प्रतिमा को तराशा तुमने

भिन्न भिन्न रंगों से सजाया तुमने

अनेक नेक गुणों से महकाया तुमने

मानव सृष्टि की अद्वितीय कल्पना तेरी

भिन्न भिन्न साँचे में ढली छवि तेरी

मानव संरचना ईश्वर का नायब तोहफा

अतुलनीय शक्ति दे कर जिसे कृष्णा ने भेजा

जिसे कृष्णा ने भेजा, कर्म कमाने के लिए

नव निर्माण के लिए

दी सांस, सांस का हिसाब चुकाने के लिए

परोपकार के लिए आत्म कल्याण के लिए

मनुष्य जन्म ईश्वर का विशिष्ट उपहार

मनुष्योचित संकल्प भगवान का महानतम अनुदान

मनुष्य जन्म मनुष्य संकल्प, मनुष्य कर्म का प्रतीक

:- ज़िंदगी कम है -:

ना शिकवा कीजिये, ना गिला कीजिये ये जिंदगी बहुत कम है, बस दुआ कीजिये

पुनः ना ये जन्म मिलेगा, न जीवन मिलेगा ना ये साथ मिलेगा, ना ये विश्वास मिलेगा

ना नाराज हो अपनों से, समय कम है खुशी थोड़ी है और गम बहुत है

माफ करना है तो अभी कर दो साथी ये साथ छोटा है और जीवन का भी पता नहीं

ना शिकवा कीजिये, ना गिला कीजिये ये जिंदगी बहुत कम है, बस दुआ कीजिये

ये जीवन सफर कठिन है, जीवन में संघर्ष अधिक है

ना साथ छोड़ साथी, तेरे बिना ये मुश्किल सफर कठिन है

है साथ तेरा तो दरिया को भी पार कर जायेंगे हम।

तेरे बिना फूलों से सजे रास्ते भी बेमानी है साथी

ना शिकवा कीजिये, ना गिला कीजिये ये ज़िन्दगी बहुत कम है, बस दुआ कीजिये

ज़ब तक मौत ना आये साथी खुल के जी लो ये जिंदगी

हर पल को बना लो अनमोल पल हर पल को बना लो एक यादगार पल

क्या पता! कितना सफर और साथ है ज़िन्दगी में

बस हर पल को मुस्करा कर जी लो साथी

ना शिकवा कीजिये, ना गिला कीजिये ये जिंदगी बहुत कम है, बस दुआ कीजिये

मिल जायेंगे बहुत साथी तुम्हें जिंदगी में

हम जैसा कोई दूसरा ना मिलेगा फिर जिंदगी में

हर पल का साथ तू दे दे मुझको जाने कितने क्षण हे जिंदगी में

ना शिकवा कीजिये, ना गिला कीजिये ये जिंदगी बहुत कम है, बस दुआ कीजिये ॥

:- गंगा तू कितनी निर्मल -:

गंगा तू कितनी निर्मल, हर जीवन तुझसे पावन

शांत मन सी तेरी धारा, हर जीवन तुझसे पावन

हर पूजा तुझसे पूरी, हर मंदिर की तू शोभा

गंगा तू कितनी निर्मल, हर जीवन तुझसे पावन

शिव की जटा से तू निकली,

हर अंत समय की मुक्ति का तू कारण

जाने कितने रतन तेरे अंदर

कितने जीव के जीवन का तू कारण

कितनी निर्मल तेरी धारा,

लिए अनंत गुण का तू खजाना

गंगा तू कितनी निर्मल, हर जीवन तुझसे पावन

शांत मन सी तेरी धारा, हर जीवन तुझसे पावन

कल कल कर बहता पानी

हर पल मधुर राग सुनाती

हर जीवन की प्यास बुझाती

हर मन को पावन करती

गंगा तू कितनी निर्मल, हर जीवन तुझसे पावन

शांत मन सी तेरी धारा, हर जीवन तुझसे पावन

बंजर भूमि का तू उपजाऊ बनाती जाने कितनों के पाप मिटाती

हर शपथ तुझी से पूरी अंतिम जीवन की मुक्ति, तुझसे पूरी

गंगा तू कितनी निर्मल, हर जीवन तुझसे पावन

शांत मन सी तेरी धारा, हर जीवन तुझसे पावन

:- चल उड़ चल साथी -:

चल उड़ चल साथी दूर गगन में दूर गगन में

चल अपने सपनों को पूरा कर ले, पूरा कर ले

धरती से अम्बर की दूरी को तय कर ले

चल अपने सपनों को पूरा कर ले, पूरा कर ले

चल उड़ चल साथी दूर गगन में, दूर गगन में

मिट्टी की खुशबू को छू कर के

आत्मबल को दृढ़ कर, चल अम्बर छू ले..

चल उड़ चल साथी दूर गगन में, दूर गगन में

चल अपने सपनों को पूरा कर ले, पूरा कर ले

उम्मीदों का दीप जला के

हौसलों को फौलाद बना कर, चल अम्बर छू ले

चल उड़ चल साथी दूर गगन में

चल अपने सपनों को पूरा कर ले पूरा कर ले

ईश्वर को साथ ले कर

विश्वास की ज्योत जला के, चल अम्बर छू ले

चल उड़ चल साथी दूर गगन में, दूर गगन में

चल अपने सपनों को पूरा कर ले, पूरा कर ले

हिम्मत को बुनियाद बना के

सपनों को चट्टान बना के , चल अम्बर छू ले

चल उड़ चल साथी दूर गगन में, दूर गगन में

चल अपने सपनों को पूरा कर ले, पूरा कर ले

मातृ की छाया ले के

लक्ष्य को सीढ़ी बना के, चल अम्बर छू ले

चल उड़ चल साथी दूर गगन में, दूर गगन में

:- जी ले जिंदगी -:

जन्म और मृत्यु के बीच की परिधि क्या है जीवन

इस जीवन को जी लो हर पल

ये पल ना लौट कर आएंगे वापस

जीवन अनमोल, खूबसूरत ईश्वर का दिया नायब तोहफा है प्यारे

पल पल घटता जाये ये जीवन

हर पल को जी ले प्यारे

माना की लाख मुश्किल है राह में तेरे

पर हर मुश्किलों को पार कर खुद मंजिल बना ले

कुछ आशाये आशाये , कुछ पाने की है आशाये

बना के उसको लक्ष्य, मंजिल बना रे प्यारे

फूल भी होंगे, काटें भी होंगे

बना के उनको डाली, मंजिल बना ले प्यारे

आँधी भी होंगी, तूफान भी होंगे

खुद को चट्टान बना कर, मंजिल बना ले प्यारे

पर्वत भी होगा, आसमान भी होगा

लक्ष्य बना के उसको, मंजिल बना ले प्यारे

अँधेरे रास्ते में खुद को दीपक सा जला कर, मंजिल बना ले

जीवन एक खेल है, बस इसको खेलने की कला सीख ले प्यारे

:- ज़िन्दगी -:

जिंदगी कुछ यूँ कह जाती है हंस कर

कुछ सच बता जाती है हंस कर!!

जीवन एक परिवर्तन का युग है

रिश्तों की परिभाषा, अब अलग अलग है।

काश ये रिश्ते जीवन के बाद तक होते।

जिंदगी कुछ समझाती है हंस कर

रिश्ते तो बस कुछ दिन के होते है।

जीवन परिवर्तन का युग है

जिंदगी यूँ कहती है हंस कर

मुझको क्या दिया था तुमने

मैंने तो अपना साथ दिया था, अपना पूरा विश्वास दिया था,

रिश्तों का सा मान दिया था जिंदगी यूँ कह जाती है हंस कर

रिश्ते परिवर्तन का युग हैं

एक छंद में समझाया है हमको

मेरा साथ, विश्वास मरुस्थल में उडी रेत के जैसा

जिंदगी यूँ समझाती है हंस कर

मैंने तो बस बिना शर्त के साथ और विश्वास था मांगा

पर जिंदगी यूँ समझाती है हंस कर

ये साथ है बस क्षण- भंगुर के जैसा

जो वक़्त की आँधी के साथ खो जायेगा

आँधियों की रेत में खो जायेगा

जिंदगी यूँ कह जाती है हंस कर।

कुछ सच बता जाती है हँस कर ॥

:- जीवन एक तपोवन -:

जीवन एक तपोवन जैसा, हर दिन एक चुनौती जैसा

हर दिन एक नया सवेरा

फूलों सा, काँटों सा मेला

नित रोज एक परीक्षा जीवन की

एक क्षण मुस्कान जीवन की

अनंत पल दुखित जीवन है

जीवन धूप, छाव के जैसा

रंग बदलते गरगिट जैसा

जीवन एक सर्कस के जैसा, आशा और निराशा जिसमें

जीवन एक सफर के जैसा

नयी खुशी, नये रंग लिए

कुछ दुख, कुछ कसक लिए

कही वेदना, पीड़ा दुख की

कही जीवन की धूम लिए

कही ठंडी, ठंडी फुआरो सा सुख

कही तूफानों में जूझता जीवन

जीवन एक तपोवन जैसा

हर दिन एक चुनौती जैसा, जीवन एक समर्पण की बेला

कभी प्रीत, कभी बिछड़े की संध्या

कभी सुनहरा दिन, कभी कालरात्रि सा जीवन

कभी उदित, कभी अस्त सा जीक्न

जीवन एक तपोवन जैसा

हर दिन एक चुनौती जैसा

जीवन एक कर्म ही है, अपना ये धर्म ही है

संचित कर्म ही बन जाते है नव निर्माण का कारण

कर्म करो तुम ऐसे, खुद ही मिसाल बन जाओ

आओ किसी के काम तुम, किसी की मुस्कान बन जाओ

जीवन बनो किसी का, सहायक बनो किसी के

खुद तप कर कुंदन बना दो किसी को

जीवन एक तपोवन जैसा, हर दिन एक चुनौती जैसा

:- जीवन परिवर्तन का युग -:

जीवन परिवर्तन का युग

एक बड़े बदलाव का युग

व्यक्ति के विकास का युग

समस्या के समाधान का युग

अच्छाई और बुराई के समावेश का युग

कही वृद्ध का तिरस्कार, तो स्वार्थ भावना जहाँ

कही अत्याचार, अमानवता जहाँ

तो कही भाईचारा और प्रेम जहाँ

आज का युग, आधुनिकता का युग

यहाँ अब रिश्तों की परिभाषा अब अलग अलग

आधुनिक फैशन का युग, असभ्यता और अश्लीलता जहाँ पर घर घर

लड़कियों को देखने का नज़रिया अब अलग अलग

जीवन परिवर्तन का युग, एक बड़े बदलाव का युग

प्रौद्योगिकी और विज्ञान के चमत्कार का युग

कठिन कार्य के सरलता में परिवर्तन का युग

विकास का युग, बदलाव का युग

जीवन परिवर्तन का युग, तकनीकी निर्माण का युग

आधुनिक तकनीकी सुविधा है जहाँ, हर काम पल में है आसान

अब पृथ्वी, नहीं चाँद, तारों तक पहुंचना है आसान

चमत्कार का युग, एक बड़े बदलाव का युग

जीवन परिवर्तन का युग, आधुनिक चिकित्सा का युग

दुर्लभ, जटिल रोग के सरल इलाज जहाँ,

हर नामुमकिन को मुमकिन करने का जजवा जहाँ

चमत्कार का युग, देश के कल्याण का युग

मानव नव निर्माण का युग, जन कल्याण का युग

प्राचीन, नवीन संस्कृति का समावेश जहाँ

पर्व और सांस्कृतिक कार्यक्रम का परिवेश यहाँ

जीवन परिवर्तन का युग, एक बड़े बदलाव का युग

:- जीवन एक रंगमंच -:

जीवन एक रंगमंच, हम सब उसकी कठपुतली।

लोग आते हैं, चले जाते हैं, बस दिल में एक छाप छोड़ जाते हैं ॥

कुछ दिल का हिस्सा बन जाते हैं।

कुछ दर्द दे जाते हैं।

रंगमंच वहीं रहता है बस किरदार बदल जाते हैं।

साथ कोई नहीं रहता है

कोई ख़ुशी दे जाता है कोई ग़म दे जाता है,

रंगमंच वही रहता है बस किरदार बदल जाते हैं।

मैं स्तब्ध सी रह जाती हूँ ये सोच कर

कोई पात्र इतना कैसे बदल सकता है

एक पल अपना दूसरे पल बेगाना कैसे बन सकता है।

ऐसे तो कठपुतली हैं हम सब कृष्णा की,

फिर भी क्यों इंसान से धोखा खाते हैं।

जो रिश्ते होते हुए भी दिल को दर्द दे जाते हैं,

दिल के उस दर्द को आँसुओं मैं बहाते हैं ॥

फिर क्यों उन टूटे हुए रिश्तों मैं अफ़सोस मनाते हैं,

इंसान की तो फ़ितरत है बेमानी की फिर क्यों शोक मनाते हैं ॥

रंगमंच वही रहता है बाद किरदार बदल जाते हैं ॥

:- जीवन मुस्कराने लगा -:

जीवन मुस्कराने लगा ज़ब मैंने तुमको पाया

उम्मीद जागने लगी, ज़ब मैंने तुमको सीने से लगाया

हृदय प्रफुल्लित हो उठा, ज़ब तुमने छोटी छोटी उंगलियों से छुआ

जिंदगी झूम उठी, ज़ब मेरी उँगली पकड़ कर चलना सीखा

और जीने की एक नयी वजह मिली, ज़ब मेरे दुख में तू दुखी हुआ

इंतजार रहने लगा उस पल का , ज़ब माँ मैं लौट कर घर आ गया

सबसे सुखद अहसास, ज़ब माँ से मैं पूजा हो गयी

उस वक़्त को कैद कर लू, ज़ब तू मुझे मनाने लगा

कब इतना बड़ा हो गया, मेरा दोस्त बन गया

मेरा हाथ पकड़ कर चलने वाला, मुझे पकड़ कर ले जाने लगा

जाने कब मेरे हाथ से खाने वाला, मुझे खिलाने लगा

जाने कब मुझसे डाट खाने वाला, मुझे समझाने लगा

जाने कब मेरे जीवन का अभिन्न अंग बन गया ||

:- दर्पण तुम जीवन मेरा -:

दर्पण तुम जीवन मेरा, ऐतबार का दूसरा नाम तेरा

माना की जीवन डगर कठिन है, हर पथ पर तपन अधिक है

थोड़े फूल है , काँटे है, जो कर्मों ने बाँटे है

किन्तु ऐतबार खुद पर है मेरा

छुटपन में ना चलना आने पर, ऐतबार माँ पर कि संभाल लेगी

छोटी छोटी उंगलियों को प्रेम की डोर से बाँध लेगी

माँ तुम दर्पण मेरा, दर्पण तुम जीवन मेरा

ऐतबार का दूसरा नाम तेरा

ज़माने की मिली ठोकर में बापू ऐतबार तेरा

हर ठोकर पर संभाल लेंगे, विश्वास की डोर से बाँध लेंगे

बापू तुम दर्पण मेरा, दर्पण तुम जीवन मेरा

ऐतबार का दूसरा नाम तेरा

बीच भँवर में नैया मेरी,, कैसे कश्ती लगे पार मेरी

प्रियतम ने थामी ऐतबार की डोर मेरी

ऐतबार तुझ पर, सुरक्षित हूँ साथ में तेरे

प्रियतम तुम दर्पण मेरा , दर्पण तुम जीवन मेरा

ऐतबार का दूसरा नाम तेरा

जीवन के कठिन समय में, मुश्किल की कठिन घड़ी में

ऐ दोस्त मेरे, मुश्किल में थामी जीवन की डोर मेरी

ऐतबार तुझ पर, बुझी सी लो को

तेल धारा से पुनः प्रजल्लित करेगा तू

खोयी हुई मुस्कान को पुनः लायेगा तू

ऐ दोस्त तुम दर्पण मेरा, दर्पण तुम जीवन मेरा

ऐतबार का दूसरा नाम तेरा

जीवन ज़ब अंतिम पड़ाव पर होगा

थकान भी उबासी लेने लगेगी

जिन उँगलियों को पकड़ चलना सिखाया

ऐतबार मेरा, वही उंगलियाँ अब मेरा जीवन होंगी

बच्चों तुम दर्पण मेरा, दर्पण तुम जीवन मेरा

ऐतबार का दूसरा नाम तेरा

:- दीप एक समर्पण तुम हो -:

दीप एक अर्पण तुम हो

अँधेरे की ज्योत तुम हो

खुद जल कर अन्य को रोशन कर दे

वो दीप तुम हो

खुद को अँधेरे में रख अन्य को प्रकाशित कर दे

वो दीप तुम हो

तुम हो एक समर्पण बेला

तुम हो ईश्वर के पैगाम का माध्यम

एक अकेला मंदिर में जल, सबकी अरदास का माध्यम तुम

ईश्वर की एक इबादत तुम हो

निस्वार्थ की एक मिसाल तुम हो

तुम एक अकेला अन्य से ना जल कर

अन्य को कर दे रोशन, अपनी अंतिम जीवन संध्या तक

दीप एक समर्पण तुम हो

दीप एक अर्पण तुम हो

पंचतत्व में तुम अग्नि तत्व हो

पवित्र सी लो तुम्हारी

हर शुभ अवसर के साक्षी तुम हो

हर घर आँगन की शोभा तुम हो

बुद्धि के विकास के हेतु तुम हो

सुंदर, कल्याण, आरोग्य एवं वैभव देने हेतु तुम हो

प्रेरणा हो तुम अन्य की

आओ सीखे तुमसे जीवन

हम सब बन जाये ज्योत किसी की

त्याग, समर्पण हो जीवन में शामिल

किसी के बुझे जीवन के दीप हो हम भी

दीप एक समर्पण तुम हो

दीप एक अर्पण तुम हो ||

:- दोस्ती -:

दोस्ती क्या एक पवित्रता का अहसास,

वो अनकहा अहसास, मुस्कराता जज्बात,

दोस्ती, फूलों की बगिया सी महकती खुशबू

तन नहीं, मन से जुडा आधार है मैत्री

जीवन नहीं, जीने की वजह है ये मैत्री

गोपी नहीं, श्याम जैसी है मैत्री

शब्द नहीं, शब्दकोश है ये मैत्री

केवल रिश्ता नहीं इक, रिश्तों की पहचान है ये मित्रता

गम को जो भूला दे ऐसा है ये साथ

हर मुश्किल सफर में जो साथ दे ये वो अहसास

बिगड़ी हुई जिंदगी को जो उम्मीद दे, ये है वो खास अहसास

नदी नहीं, सागर से गहरा है साथ

स्वार्थ नहीं, निस्वार्थ होते ये साथ

खून के नहीं अपितु दिल से जुड़े होते है ये रिश्ते

नमक में जो रस घोल दे वो ये मिठास

विश्वास का दूसरा नाम है दोस्ती

होंठों पर जो मुस्कराहट ला दे वो है दोस्ती ॥

:- नयन तू कितना सुंदर -:

नयन तू कितना सुन्दर, हर नारी का यौवन

तू दर्शाता हर मन की व्यथा कहानी

नयन तू हर मन का है दर्पण

बयां तू करता हर मन की एक कहानी

भीगे भीगे नयन दर्शाते दुख सुख की एक कहानी

सुख के हर क्षण की तू सबसे सुन्दर निशानी

सुने सुने नयन हर मन की दुखद कहानी

मन के हर भाव बस सुन्दर नयन ही दर्शाते

अशोक वाटिका में सीता माँ के सूने नयन

बयां करते प्रतीक्षा प्रियतम की

आएंगे मुझे लेने पल पल बयां करते

नयन इंतजार की करुण कहानी

नयन तू कितना सुन्दर, हर नारी का यौवन

नयन तू मन का दर्पण, बयां करती हर मन की एक कहानी

दशरथ के व्याकुल नयन, बयां करते पुत्र वियोग को

पुत्र स्मरण के वियोग की ये करुण कहानी

नयन तू हर मन का है दर्पण

बयां करती हर मन की अमिट कहानी

प्रफुल्लित नयन से छलकता, माँ यशोदा का वात्सल्य प्रेम

नयन तू दर्शाता माँ और पुत्र की युगों युगों तक

स्मरण रहने वाली एक अनूठी कहानी

नयन तू हर मन का है दर्पण

बयां करती हर मन की एक कहानी

राधा के कजरारे नयन बयां करते, राधा, कृष्णा के अटूट प्रेम को

नयन तू दर्शाता राधा कृष्णा के

अद्वितीय प्रेम की एक अमिट कहानी

नयनों की भाषा दर्शाती तू एक प्रेम कहानी

नयन तू हर मन का दर्पण

बयां करती हर मन की अमिट कहानी

नयन तू कितना सुंदर, हर नारी का यौवन ॥

:- नारी एवं पुरुष जीवन -:

नारी एवं पुरुष कृष्णा की बनायीं संयुक्त शक्ति

नारी.. पुरुष बिन, पुरुष... नारी बिन ऐसे सूनी

जल बिन नदी, दिया बिन बाती जैसे

नारी, पुरुष जीवन के पूरक

हर बगिया के संचालक दोनों

नींव है घर परिवार की दोनों एक गाड़ी के दो ये पहिये

एक नाव के ये पतवार है दोनों नारी, पुरुष कृष्णा की संयुक्त रचना

पौराणिक काल से हर ग्रंथ में दोनों के त्याग की अमर कहानी

रामायण में अगर सीता माँ ना होती, ना रावण सीता माँ का हरण करता

ना युद्ध होता, ना राक्षसो का नाश होता, ना धोवी कड़वे वचन कहता,

ना वन जाती माँ

रामचरितमानस ना होकर सीतारामचरितमानस है ये

राम और सीता, सिया के राम है ये

नारी... पुरुष बिन, पुरुष... नारी बिन ऐसे सूनी

जल बिन मछली, प्राण बिन देह जैसे

राधा ना होती अगर तो राधा-कृष्ण जैसा प्रेम ना होता

उनका सा रास.. प्रेम में त्याग का उदाहरण ना होता

नारी... पुरुष बिन, पुरुष... नारी बिन, ऐसे सूनी

जिव्हा बिन कंठ, हवा बिन जीवन जैसे

पांडव पत्नी पांचाली ना होती

युगों, युगों तक स्मरण रहने वाला युद्ध ना होता

रक्त की धाराये ना बहती

कुरुक्षेत्र की भूमि अपनों के रक्त से लाल ना होती

अपने ही अपनों के खिलाफ ना होते

तो महाभारत सा ग्रन्थ ना होता

इतिहास उठा कर देखो मित्रों

नारी बिन कहानी ना होती

पुरुष बिन समाप्ति ना होती

नारी... पुरुष बिन, पुरुष... नारी बिन, ऐसे सूनी

जल बिन मछली, दीया बिन बाती जैसे ॥

:- नारी -:

नारी सम्मान हो तुम

फिर क्यों सहती हो अपमान को तुम

हर घर का सम्मान हो तुम

फिर क्यों सहती अपमान को तुम

सर्वत्र अर्पण किया अपना

फिर सम्मान को तर्पण करती क्यों

जीवन अपना सुपुर्द किया

फिर सम्मान को तुम खोती क्यों

हर बगिया की बागबान हो तुम,

हर रिश्तों की डोर हो तुम

नारी तुम श्रद्धा हो

पहले ही सब न्योछावर किया

फिर सम्मान को न्योछावर करती क्यों

खुद एक पहचान हो तुम

फिर खुद को अनजान बनाती क्यों

तुम परिवार का यश हो

फिर अपमान का अपयश कमाती क्यों

नारी सम्मान हो तुम

फिर क्यों सहती हो अपमान को तुम ||

:- वक्त -:

वक़्त उड़ता पंख पसारे, हाथ मलता रह जायेगा

रोक ले इस वक़्त को साथी, बाद में पछतायेगा!

कुछ नहीं है, कुछ नहीं है, बुरा वक़्त है

अश्रुधारा बन बह जायेगा!

वक़्त उड़ता पंख पसारे, हाथ मलता रह जायेगा

सबका जीवन और जन्म अलग है,

सबका नज़रिया और सोच अलग है

आया जो तूफान मन में, वक़्त के साथ छँट जायेगा

वक़्त उड़ता पंख पसारे, हाथ मलता रह जायेगा

झगड़े है, जीवन के साथी

शब्द है कर्मों के साथी

खामोश कर ले खुद को साथी

बाद में पछतायेगा

हाथ कुछ नहीं रह जायेगा

वक़्त उड़ता पंख पसारे

हाथ मलता रह जायेगा

ना प्यार मिलेगा, ना वक़्त मिलेगा

चाह की जाग्रति वासना

वो भी ना मिल पायेगी

कुछ ना मिलेगा, कुछ ना मिलेगा

बाद में पछतायेगा

वक़्त उड़ता पंख पसारे

हाथ मलता रह जायेगा

अन्य से उम्मीदों का दीप बुझा दे

खुद को इंसान बना ले

अन्य से तिरस्कार ही मिलेगा

नहीं तो बाद में पछतायेगा

वक़्त उड़ता पंख पसारे

हाथ मलता रह जायेगा ॥

:- जीवन परिवर्तन -:

उषाकाल से संध्या काल परिवर्तन प्रकृति का शाश्वत नियम

हर छड़ परिवर्तन है प्यारे

प्रकृति भी भिन्न भिन्न रूप बिखेरे,

कभी हरियाली से नभ से शिखर तक खुद को श्रृंगारित कर

कभी श्रृंगार हीन नारी सा पतझड़ को आरोपित कर

फिर परिवर्तन, पुनः वृष्टि, पुनः धरा सस्य श्यामला

उषाकाल से संध्या काल परिवर्तन जीवन का शाश्वत नियम

शैशव में माँ का आँचल, शीतल छाया

छोटे छोटे पग से फिर कुछ हमजोली, कुछ सहयोगी,

साथ उनके क्रीडाएँ बड़ी मनोहारी

शनै शनै यौवन, नित रोज नये अनुभव

पंख फैलाये नये सपनों का समावेश

नूतन हमसफर, एक दूसरे के पूरक

एक अनोखा अनुभव, एक अपना आशियाना

बच्चों की गूंज, एक दूजे के पूरक

सम्पूर्ण जीवन, प्यार, दुलार मनुहार

बस एक दूजे के लिए

फिर पुनः परिवर्तन संध्याकाल ,ढलता हुआ यौवन

पुनः किसे एक के बिछड़ने का चक्र काल

एकांकी जीवन, पतझड़ सा जीवन

डूबता सूरज, गहन रात्रि

स्वीकार करो संध्या बेला को

प्रभु के सत्संग में लग जाओ

फलतः जीवन है उषा काल से संध्या काल ||

:- पिता -:

पिता ईश्वर का दिया नायब तोहफ़ा है

पिता मेरी पहचान, अभिमान मेरा गुरूर है वो

पिता उम्मीद, आस और एक विश्वास है

बल, शक्ति,श्रृष्टि में निर्माण कर्ता क़ी अभिव्यक्ति है वो

जिस बगिया के फूल है हम,

उस गुलशन का माली हैं वो

जिस डाली के हम पंछी है,

उसका मजबूत पेड़ है वो

मेरी हर सफलता में

मेरे जीवन की पूंजी वो

मेरे हर मुश्किल सफर में

मेरी ढाल है वो

पिता के साथ हूँ मैं, सुरक्षित हूँ मैं

वो अहसास है वो

मेरे जीवन नैया के माझी है, पतवार है वो

तपती धूप में बरगद क़ी शीतल छाँव है वो

तूफानी बारिश में गोवर्धन पर्वत तो

संघर्ष क़ी आँधियों में कृष्ण रूपी सारथी है वो

जिम्मेदारियों को निभाने में महारथी है वो

पिता एक उम्मीद है, वजूद है, विश्वास है वो

पिता,कृष्णा की वो अनमोल संरचना है

जिनके साये में महफूज हूँ मैं ॥

:- पैगाम कृष्ण का -:

हे कृष्णा! तुमको ये पैगाम देती हूँ

तेरा दिया जीवन तेरे नाम करती हूँ

तेरे हर चमत्कार को नमस्कार करती हूँ

लाख कमी है मुझमें कृष्णा

पर तेरा दिया एक आधा गुण है

वो तेरे नाम करती हूँ

तेरी बनायीं दुनिया में, इतने कष्ट है कृष्णा

मुझे सम्पूर्ण बनाया

तेरा शुक्रिया सुबह शाम करती हूँ

मैं काबिल नहीं किसी खुशी के

फिर भी इतनी खुशियाँ दी मुझे

वो खुशियाँ तेरे नाम करती हूँ कृष्णा

ये जीवन दिया तुमने

ये जीवन तेरे नाम करती हूँ

इस छल भरी दुनिया में, आत्मसम्मान से जीने की जो शक्ति दी

मिली उस शक्ति के लिए शुक्रिया सुबह शाम करती हूँ

असंख्य नर्तन में ये मानव नर्तन मिला

उस नर्तन के लिए शुक्रिया सुबह शाम करती हूँ

ये जीवन दिया तुमने

ये जीवन तेरे नाम करती हूँ ॥

:- प्रकृति -:

प्रकृति ईश्वर का सुन्दर करिश्मा!

अनूठी, अद्भुत,अद्वितीय छवि,

दुल्हन सी सजी!!

ईश्वर की अद्वितीय कल्पना, जिसे कोई ना रच सका!

प्रकृति का ऐसा श्रृंगार जैसे लाल जोड़े में लिपटी नव -विवाहिता।

सफ़ेद बर्फ की चादर में लिपटी है धारा,

मानो उसमें शांत शीतल रंग बिखर आये है!!

नीली चादर ओड़े अम्बर, जैसे माँ का हो आँचल!

उस पर चाँद तारों की उज्ज्वल छवि, मानो धरा पर बिखेर रही हो चाँदनी

कल कल करते झरनों की मधुर आवाज़

लहलहाते झूमते पेड़, उस पर चहचहाते पंछी की कनकनाहट

ईश्वर की अविस्मरणीय कल्पना, जिसे कोई ना रच सका।

बागों में बिछे हरे कालीन,

असंख्य पुष्पों से सजी डालियाँ

गुंज गुंज करते फूलो का रसपान करते हुए भँवरे,

प्रकर्ति की अद्वितीय छवि, जिसे कोई ना रच सका

समुन्दर की लहरो का शोर, बारिश में नाचते मोर!

पर्वत की चोटियां , जुगनू की झूगोरीता

ऐसी अद्भुत कल्पना, जिसे कोई ना रच सका ॥

:- प्रियतम -:

उजड़ा, उजड़ा मेरा मन था

सूखे पत्ते के जैसा मेरा तन था

प्रियतम सुने मन मंदिर में आकर

खोले सुने पट हृदय के

सूने सूने नयन थे मेरे

आँखें भी थीं भीगी भीगी

उन नयनों में आशाओं के दीप जगाये

स्वप्न हीन थी मेरी निंदिया

प्रियतम! आकर मेरी निंदिया में सुन्दर सपने सजाये

बेरंग था मेरा हृदय आँगन

उनमें सतरंगी रंग खिलाये

मैं पतवार विहीन नौका थी

माझी बन, जीवन पतवार सम्हाली

मुस्कान रहित था जीवन मेरा

तूने आ मुस्कान के फूल खिलाये

सुने मन के घर आँगन में

प्रेम, स्नेह के दीप सजाये

संघर्ष की तेज तपन में

उम्मीदों की ज्योत जलायी

नीरस पड़ा था मन का द्वार

अपनी खुशबू से तूने महकाया

बंजर पड़ी थी मेरी जमीं

उसमें मेरा जहाँ बसाया

मेरे दिल का कोना कोना, तेरे प्रेम से महका है

दरवाज़े की हर दस्तक में

बस इंतजार तेरा ही रहता है

आईने के हर प्रतिबिम्ब में बस तेरा चेहरा दिखता है

तेरे बिना भी हर पल अहसास ये तेरा रहता है

हर रंग अब फीका लगता है जब से तेरा रंग मैंने ओढ़ा है ॥

:- प्रेम का एहसास -:

प्रेम एक शब्द नहीं, मन का अहसास है

बिना कहे मन को समझने वाला वो प्यार है!!

प्रेम हर लम्हा साथ बिताया वो वक़्त है

बाद में वो यादों के मीठे पल है

प्रेम प्रकृति का वो उपहार है

जो हर रिश्तों में छुपा अद्वितीय प्रेम अपार है!!

इंतजार प्रेम का दूसरा अहसास है!

प्रेम मन में रहने वाला सुन्दर भाव है!!

प्रेम शक्ति है, ईश्वर से मिला अद्वितीय उपहार है

प्रेम समर्पण, विश्वास का दूसरा नाम है

समर्पण राम का सीता के लिए

सीता का राम के लिए

एक मिसाल है एक आदर्श है

अर्पण प्रेम का राधा का कृष्णा के लिए

त्याग और बलिदान है

प्रेम की पराकाष्ठा है

प्रेम सती का शिव के लिए

तर्पण कर दिया अग्नि में खुद को पति सम्मान के लिए

प्रेम एक त्याग है बलिदान है

प्रेम एक शब्द नहीं, मन का अहसास है ||

:- प्रेम एक समर्पण -:

प्रेम एक समर्पण बेला,अर्पण और त्याग की बेला

समर्पण एक निस्वार्थ भावना, लिए प्रेम और त्याग का मिश्रण

एक समर्पण राम और सीता का, जीवन के अंतिम क्षण तक का

राजा राम से मर्यादा पुरुषोत्तम राम बने वो

जीवन अर्पण किया, पिता के एक वचन को

सीता सा त्याग ना होगा, उन जैसा साहस ना होगा

पूरा जीवन समर्पण किया राम जी पर

अपनी पवित्रता को सिद्ध करने को

धरती में समाहित हो गयी वो

प्रेम एक समर्पण बेला, अर्पण और त्याग की बेला

एक समर्पण राधा और कृष्णा का

उनका सा प्रेम ना दूजा होगा

कृष्णा के प्रेम में किया प्रेम- समर्पण, ऐसा त्याग ना दूजा होगा

जीवन एक समर्पण बेला , अर्पण और प्रेम की बेला

एक समर्पण मीरा का कृष्ण प्रेम में,

रानी से जोगन बनी वो

ऐसे जीवन के अंतिम क्षण में, खुद कृष्ण में समाहित हुई वो

प्रेम एक समर्पण बेला, अर्पण और त्याग की बेला

एक समर्पण देश प्रेम को

सुखदेब, भगत सिंह, राज गुरु का

हंसते हंसते न्योछावर कर दी, देश के ऊपर जान अपनी

अर्पण कर दिया अपना सब कुछ

उन जैसा कोई देश भक्त ना होगा देश धर्म पर मर मिटने को

प्रेम एक समर्पण बेला अर्पण और त्याग की बेला ॥

:- फूल तू कितना सुंदर -:

फूल तू इतना सुंदर, हर जीवन तुझसे निर्मल

फूल तू इतना सुंदर, मेरे हृदय जितना कोमल

फूल तू इतना भावुक, मेरे मन जितना नाजुक

खुशबू तेरी इतनी महकती, मेरी मुस्कान के जैसी न्यारी

तेरे काटों के साथ ये जीवन, मेरे हृदय की विरह कहानी

तेरा हर दिन धूप में तपना, संघर्षमय भरा ये जीवन

फूल तुम इतना मधुवन हर नारी के श्रृंगार की शोभा

हर सुहाग के सेज की शोभा, महकता तुझसे हर कोना कोना

तेरे भिन्न भिन्न रूप, भिन्न भिन्न जीवन को समर्पित

किसी की अर्थी पर सजा तेरा जीवन, असहनीय कष्ट की पीड़ा

किसी डोली पर सजा तेरा जीवन, प्रियतम के मिलन का कुतूहल

प्रभु के चरणों में सजा तेरा जीवन, जीवन का सबसे सुंदर सुख

कृष्णा को समर्पित तेरा जीवन,

निर्मल आनंद, इहलोक से परलोक का अद्भुत सुख

फूल तू इतना सुन्दर, हर जीवन तुझसे निर्मल ||

:- मन की उम्मीदें -:

आसमान में उड़ते परिंदे नयी आशायें ले कर आये है

झूम झूम कर घूम घूम कर, खुशियों का संदेश ये लाये है

नयी उमंग है, नयी तरंग है

दिल में नये जज़्बात जगाये हैं

नयी आस है, आँखों में विश्वास है

नया संदेश ये लाये हैं

देखो, देखो

इन परिंदों को.. नन्हे नन्हे पंखों से ये

आसमान को छूने की हिम्मत रखते हैं

हर पल, हर दम

मन में ये उम्मीदों का नया संदेश ये भरते है

परिस्थिति चाहे हो जी भी, जीवन को ये जीते है

आसमान में उड़ते परिंदे नयी आशाये ले कर आये है

गर्मी, सर्दी के अहसास से परे

हर संघर्ष से ये लड़ते है

तेज धूप सी तपन हो, या हो तूफानी रातें

हर हाल में हर इंसान की जीवन प्रेरणा बनते ये

आसमान में उड़ते परिंदे नयी आशायें ले कर आये है

झूम झूम कर, घूम घूम कर, खुशियों का संदेश ये लाये हैं ||

:- इंतजार -:

लम्हा, लम्हा जन्म से मृत्यु तक बस हर लम्हा इंतजार,

कहने को एक शब्द पर जीवन का हर लम्हा इंतजार,

माँ के गर्भ से निकलने का इंतजार, बचपन से युवा होने का इंतजार,

युवा से जवानी का इंतजार, पढ़ने से अपनी पहचान बनाने का इंतजार,

बस हर लम्हा इंतजार, इंतजार अकेले से एक साथी का इंतजार,

जीवन में आये कठिन पल उनके निकलने का इंतजार

माँ कहने से खुद माँ बनने का इंतजार बच्चों के बड़े होने का इंतजार

बस हर लम्हा इंतजार, इंतजार सुबह से संध्या तक इंतजार

जीवन के हर पड़ाव पर बस इंतजार, इंतजार इंतजार आये गम के जाने का इंतजार

तो खुशियाँ के आने का इंतजार

पूरा जीवन कृष्णा से मिलने का इंतजार

बस इंतजार, इंतजार

बस हर लम्हा इंतजार ही इंतजार

वृद्धावस्था में मृत्यु का इंतजार

जन्म से मृत्यु तक बस इंतजार, इंतजार, इंतजार

लम्हा, लम्हा इंतजार

बस इंतजार, इंतजार इंतजार

इंतजार, बस एक शब्द

किन्तु ताउम्र इंतजार, इंतजार इंतजार ॥

:- ईश्वर -:

ईश्वर के भिन्न भिन्न रूपों से धर्म और मजहब बना दिया तूने

मंदिर, मस्जिद, गुरु द्वारे के नाम पर

इंसान ही इंसान को ठग रहा है

ईश्वर तूने दुनिया बनाई, दुनिया को भिन्न भिन्न नाम दिए तूने

ईश्वर तेरी दुनिया को इंसान जाति के नाम पर ठग रहा है,

अपनी ताकत के बल पर रुसवा कर रहा

कश्मीरी में पंडितों पर ढाया अत्याचार

ईश्वर को बाट कर, भूल गया इंसान

ईश्वर के भिन्न भिन्न रूप दिखा कर

इंसान, इंसान पर कर रहा है अत्याचार

तेरी जन्नत सी बनायीं दुनिया को

कैसे उजाड़ रहा है इंसान

औरत को रुसवा कर,

खुद पर गर्व कर रहा है हैवान

ईश्वर के भिन्न भिन्न रूप बना कर

धर्म और मजहब बना चुका इंसान

कुछ राजनीतिज्ञ ने, अपनी सत्ता के अभिमान में

इंसान को बाँट दिया भेद भाव में धर्म के नाम पर तूने कहर बरसाया हे

सत्ता के लिए नेताओं ने भाई का भी घर जलाया है

अपने ही स्वार्थ में बांटा है तुझे एक से अधिक नामों से पुकारा है तुझे

ये कौन सा इंसाफ है इंसानियत भी शर्मसार है

चंद सिक्कों के लिए इंसान ने भगवान को भी बेच डाला है

देख कृष्णा तेरी बनाई दुनिया कितनी शर्मसार है ||

:- घड़े की कहानी -:

एक घड़े की व्यथा कहानी

सुनो उसका दुखड़ा, उसकी जुवानी

संत जन की एक सभा में

गंगाजल से भरा घड़ा रखा किसी ने

संत जनों की प्यास मिटाने

देखा ये नज़ारा एक व्यक्ति ने

उसके मन में विचार आया

अहा! ये घड़ा कितना भाग्यशाली

मिला साथ गंगाजल का

मिटाने को संत जनों की प्यास

कितना भाग्यशाली ये घड़ा

मिलेगा इसको स्पर्श संतों का,

मिलेगा इसको अवसर सेवा का

भाव पढ़ मन के उसके, घड़ा बोला

हे बंधु! मैं तो मिट्टी के रूप में निरर्थक, शून्य पड़ा था

दुखी था ये सोच कर कि

न्याय नहीं किया कृष्णा ने

तभी एक दिन कुम्हार आया

ले गया उठाकर घर अपने

फिर रौंदा, गुँथा, चढ़ा चाक पर घुमाया और काटी गर्दन

फिर आग में तप अति कष्ट सहे मैंने

ठोक, पीटकर देखा मुझको उसने

20,30 रूपये फिर क़ीमत लगी मेरी

अन्याय किया कृष्णा ने,

ये सोच सोच मैं बहुत रोया

तभी एक सज्जन ने मुझे खरीदा,

गंगाजल भरकर संत सभा में भेजा

आभास हुआ मुझको तब

ये सब कृपा थी कृष्णा की,

वो सब कष्ट बस निमित्त मात्र थे

ये सब करुण कृपा थी कृष्णा की

देख समस्या जीवन की

विचलित हो जाता है मन

खुद को कष्ट में देख

प्रथम ईश्वर पर क्रोध जताता है मन

इतनी पूजा पाठ की,

इतने जतन किए मैंने

फिर क्यों कृपा नहीं हुई कृष्णा की ये सोच कर दिल घबराता है

विचलित मन से जाने कितने प्रश्न प्रभु से हम कर देते हैं

नहीं समझ पाते उसकी परीक्षा को

सत्य और न्याय के पथ पर चलकर

पूरी होती परीक्षा जीवन की तभी अनुकंपा मिलती है कृष्णा की

हर इंसान को देनी होती क्रमानुसार परीक्षा जीवन पथ पर

दृढ़ संकल्प और विश्वास से पूरी होती चुनौती जीवन पथ की ॥

भावार्थ!

घड़े की तरह जीवन की परीक्षा में भी सत्य के पथ पर चल कर मानव इस अग्नि पथ की अपनी
सभी चुनौतियों को पूरा करता है, तभी उसे कृष्णा की अनुकंपा प्राप्त होती है ॥

:- पैगाम -:

एक पैगाम जीवन का साथिया, तेरे नाम लिख रही हूँ

तेरे साथ जिए कुछ अनुभव, तेरे नाम लिख रही हूँ

नोक झोंक के इस सफर को जो साथ जिया

उसमें से कुछ अनमोल पल तेरे नाम लिख रही हूँ

आसान नहीं था इस सफर को पार करना मेरे हमसफर

तेरे साथ से ये नामुमकिन सफर आसान बन गया

हर पग पर काँटे बहुत थे, तूने फूल बिछा कर रास्ते आसान कर दिये

समय ऐसे भी आये, दिये में तेल नहीं था

तूने खुद जल कर, रोशन किया जीवन मेरा

प्यार की एक डोर बाँधी अपने साथ की, विश्वास की

मेरा तो जीवन उजड़ा चमन था, उसको अपनी खुशबू से गुलजार किया तूने

कुछ शिकवे हुए, कुछ गिले हुए,

खुद कसौटी पर उतर उसको ख़त्म किए तूने

कभी सुने थे दिन और तन्हा थी रातें

उनको महकाया तूने अपनी खुशबू से

जिंदगी हर पल में एक इम्तिहान है

तूने मुझे सुरक्षित कर इम्तिहान के पल खुद पार कर लिए

ऐसे ही अपने प्यार की डोर बनाये रखना

अपना साथ और विश्वास बनाये रखना

मैं सुरक्षित हूँ इन हाथों ये भाव बनाये रखना

अपनी खुशबू से मेरा जीवन महकाये रखना

बस एक तमन्ना है इस जीवन की

जीवन के अंतिम क्षण तक साथ निभाए रखना ||

:- बेटियाँ -:

फूलों से कोमल होती है बेटियाँ

पिता की धड़कन, माँ का प्रतिबिम्ब होती है बेटियाँ

किस्मत वाले होते है वो, जिनको मिलती है बेटियाँ

सुबह की लालिमा सी मनोहर, चांदनी सी उज्ज्वल होती है बेटियाँ

चिड़िया की चहचहाहट जैसे चहकाती हर घर आँगन को

कभी नदी के जैसी शांत, हवा के जैसी शीतल बहती वो

किस्मत वाले होते है वो, जिनको मिलती है बेटियाँ

पिता का मान -अभिमान होती है बेटियाँ माँ की छाया होती है बेटियाँ

अपने बाबुल के घर आँगन को छोड़

अन्य आँगन को महका दे, ऐसी होती है बेटियाँ

किस्मत वाले होते है वो, जिनको मिलती है बेटियाँ

फूलों सी कोमल होती है बेटियाँ

पिता की धड़कन, माँ का प्रतिबिम्ब होती है बेटियाँ

हर घर की मुस्कान होती है बेटियाँ

हर सुने घर के दीप का कारण होती है बेटियाँ

पिता की परी, परिवार की आधार होती है बेटियाँ

किस्मत वाले होते है वो, जिनको मिलती है बेटियाँ

फूलों सी कोमल होती है बेटियाँ

पिता की धड़कन, माँ का प्रतिबिम्ब होती है बेटियाँ

फिर भी आज भी क्यों बेटी और बेटे में भेद किया जाता है

फिर भी क्यों आज भी बेटियों को हर कसौटी पर उतारा जाता है

आज भी क्यों बेटे को कुल दीपक कहा जाता है

बेटी अपना घर आँगन छोड़, पति के परिवार को अपना बनाती है

फिर भी वो बेटी नहीं आज भी बहु कही जाती है

अगर हर पुरुष समझे,उनके जन्म का कारण नारी है

नारी तो श्रद्धा है हर घर आँगन की

फिर क्यों हर परीक्षा उसको देनी होती है

किस्मत वाले होते है वो, जिनको मिलती है बेटियाँ

फूलों सी कोमल होती है बेटियाँ

पिता की धड़कन, माँ का प्रतिबिम्ब होती है बेटियाँ ||

:- बावरे मन -:

बावरे मन! स्वप्न नगरी में ले चल मुझे....

जहाँ सपनों सी सुन्दर हो दुनिया

प्यार का अनुपम जहाँ हो

दुःख हो शीतल हवा का झोंका

सर्वत्र सुख की फुहार हो

प्यार हो रग रग में सबके

हर इंसान खुशहाल हो

इंसानियत जहाँ डाले हो डेरा

मासूमियत हो सबके मन में

प्रेम का एक सुन्दर जहान हो

नफरत ना हो किसी के मन में

बावरे मन! स्वप्न नगरी में ले चल मुझे...

हर दिन हो रंगों के मेले

हर रात दीवाली से उत्सव

हो जहाँ हर मन में मिट्टी की खुशबू

जहाँ हर इंसान वतन पर हो कुर्बानी

बावरे मन! स्वप्न नगरी में ले चल मुझे....

जहाँ घर में हो मिट्टी की खुशबू

आँगन में हो पेड़ो की छाया

जहाँ मित्र हो कृष्णा, सुदामा

जहाँ प्रेम हो राधा कृष्णा सा

जहाँ राम, लक्ष्मण से हो भाई

हर पुत्र हो श्रवण के जैसा

एकलव्य सा शिष्य हो जहाँ

मनुष्यता हो राम के जैसी

भक्ति हो हनुमान सी जहाँ

बावरे मन! स्वप्न नगरी में ले चल मुझे....

जहाँ धूप भी दे शीतल छाया

उम्मीदों के दीप रोशन हो जहाँ

हर दिन हो पर्व के जैसा

हर रात हो पूर्णमासी के जैसी

जातिवाद ना हो मन में हर स्त्री आदरणीय हो जहाँ

हर पुरुष में हो समर्पण जहाँ बुजुर्गों का तिरस्कार ना हो

बेटी के मन में डर का डेरा ना हो

बावरे मन! स्वप्न नगरी में ले चल मुझे

हर दिन हो वसंत सा मौसम

प्रियतम से हो मिलन का मौसम, रिश्तों में साझेदारी जहाँ

परोपकार की भावना हो दिल में

बदले का ख्याल ना हो मन में

जहाँ रुपयों की माया ना हो

और माया की कोई भूख ना हो

बावरे मन! स्वप्न नगरी में ले चल मुझे

जहाँ हवा में खुशबू हो प्रेम की

हर राह हो फूलों से सजी

दिल में प्रेम और समर्पण

नदिया जहाँ झूमे और गाये

पर्वत भी चल कर है आये

फूल भी गुनगुनाये जहाँ पर

नदी के किनारे जहाँ एक हो जाये

आकाश और धरती का हो मिलन

बावरे मन! स्वप्न नगरी में ले चल मुझे ||

:- माँ -:

माँ..... इक शब्द नहीं पूरा ब्रह्मांड समाया उसमें

माँ इक भाव है, मेरे जीवन का सार है

माँ जन्म का पहला भरोसा, आस्था और विश्वास है

मैं सुरक्षित हूँ इन हाथों में, ऐसा मेरा विश्वास है

माँ ईश्वर द्वारा निर्मित नायाब तोहफा है, जो अनमोल है

दुनिया की तपिश में माँ के आँचल की शीतल छाया

माँ मान है पहचान है, ना चुकने वाला कर्ज है

माँ मेरी प्रथम गुरु एवं ईश्वर तुल्य है

चोट लगे मुझे, दर्द माँ को होता है

माँ दुख में इक दुआ सी, दवा सी

माँ का स्पर्श, चन्द्रमा सी शीतल छाया

थकान में, सुख का ममतामय स्पर्श

ज़ब भी ठोकर लगे बस माँ याद आये मुझे

दुख में, सुख में बस माँ याद आये मुझे

माँ के अंक में लेट सुकून प्राप्त करूँ मैं

ईश्वर को भी माँ ने जन्मा है

माँ प्रेम से भरा कलश है, माँ का अन्य कोई विकल्प नहीं

मुझमें वो ताकत नहीं, माँ शब्द को बता सकूँ

माँ, मेरी भावना, भरोसा मेरा ईश्वर है ॥

:- माफ कीजियेगा -:

माफ कीजियेगा

कठिन जीवन, परिस्थिति विभिन्न, समय विपरीत

जाने अनजाने तुम्हें दिये कटु शब्द, हृदय आघात आपका

माफ कीजियेगा किन्तु माफी बस एक शब्द

हृदय पर लगे कटु प्रहार, कैसे भरे जख्म कैसे आये उस पीड़ा से बाहर

प्राचीन काल से, दिये कटु शब्दों ने इतिहास के पन्ने ही पलट दिये

माफ कीजियेगा

रानी कैकय्या के कटु शब्द ही थे, पति के प्राण हर लिए

खुद को कर कलंकित, अपने प्रियों को ही वनवास दे दिया

अपनों का साथ छूटा, विश्वास छूटा रिश्तों की डोर छुटी

माफ कीजियेगा

दुष्ट धोबी के शब्दों की कटु पीड़ा ने माँ को घर से बेघर कर दिया

खुद को कसौटी पर उतरने को मजबूर कर दिया, बनी रानी से तपस्विनी वो

खुद को निर्दोष सिद्ध करने हेतु धरती की गोद में समाहित हो गयी

माफ कीजियेगा

द्रोपदी के शब्द, कौरवों से

द्रोपदी को भरी सभा में चीर हरण सहना पड़ा

एक भीषण युद्ध का आगाज हो गया

अपनों को ही अपनों के विपरीत खड़ा होना पड़ा

माफ कीजियेगा

शनि को छोटा बता राजा विक्रमादित्य को

तख़्त और ताज खोना पड़ा अपनी ही पहचान खो गयी

राजा से रंक हो गए, शरीर से अपंग हो गए तेली के घर कोहलू बनाना पड़ा

माफ कीजियेगा ||

:- जीवन की नैया -:

माझी, जीवन की नैया उस पार करो
मझधार में है नैया,भव से पार करो
संकट में है मन, संकट में है ये जीवन
विचलित है ये तन,भव से पार करो
माझी, जीवन की नैया उस पार करो
मझधार में है नैया, भव से पार करो
बड़ी झूठी है दुनिया, झूठे हैं झगड़े
झूठी है माया और झूठी है काया
मन बड़ा संकट में, भव से पार करो
माझी, जीवन की नैया उस पार करो
मझधार में है नैया, भव से पार करो
किस्मत ने सताया है, अपनों ने रुलाया है
इस रंग बदलती दुनिया में
जाने कौन अपना, कौन पराया है
मन बड़ा दुविधा में, भव से पार करो
माझी, जीवन की नैया उस पार करो
मझधार में है नैया, भव से पार करो
यकीन किस पर करूँ, कोई नहीं अपना
अब अंत समय में, बस तू ही मेरा अपना
मन बड़ा चंचल है, भव से पार करो
माझी, जीवन की नैया उस पार करो
मझधार में है नैया, भव से पार करो ||

:- मानव जीवन -:

मानव जीवन संघर्ष का जीवन!

जीवन की तपिश, अनुभव का सिलसिला

प्रतिदिन का संघर्ष, अनुभव का मंजर

बदलते हर दिन, जीवन के घटते हर दिन

अनुभव से बने अच्छे, बुरे संबंध

जीवन से मृत्यु तक संघर्ष है प्यारे

हर दिन फूल नहीं काटों के बिस्तर

इस मुश्किल जीवन को खुद सरल बनाना

अपनी पहचान, वजूद खुद ही बनाना

आएंगे तूफ़ान बहुत से राह में

खुद ही कश्ती बन पार आना

सैकड़ों काटों होंगे, सफलता के पथ पर

उन्हें हटा कर खुद पार आना

बनाना अपनी हस्ती, पहचान अपनी

अपनी मंजिल को आकाश तक पहुंचना

आलस्य नीरसता त्याग कर, मंजिल पर आगे बढ़ना

बरसात में सैलाब ना लाये वह दरिया बनो

तूफान में जलाता रहे वह दीपक बनो

अंधेरों में भी जल सके ऐसे प्रकाश बनो ॥

:- गम -:

माना की संसार में गम बहुत है

हर गम के लिए बस एक मुस्कान बहुत है

माना हर दिल में दर्द बहुत है

उस दर्द के लिए एक मुस्कान बहुत है

माना मिले गम से शिकवे बहुत है

हर शिकवे को भुलाने के लिए एक मुस्कान बहुत है

एक उजड़े चमन के लिए

जीने की वजह के लिए

बस एक मुस्कान बहुत है

लाख झगडे है इस जीवन में

उसको निपटाने के लिए एक मुस्कान बहुत है

निराशा से घिरे काले बदल में

एक आशा की मुस्कान बहुत है

इस विषम काँटे भरे पथ पर

एक फूलों सी मुस्कान बहुत है

बुझे चिराग जिस घर में

दीपक की लो सी एक मुस्कान बहुत है

ना गिला कर राही

ना शिकवा कर प्यारे

किसी की डूबती हुए जीवन में बस राहत की मुस्कान बन जाओ

किसी की मुस्कान बन कर तो देखो, खुद ही चेहरे की रंगत बदल जाये

इस जीवन के खेल में मुस्कान ही अच्छा कर्म

किसी के चेहरे की मुस्कान बनो, यही है धर्म ||

:- मिट्टी -:

मिट्टी का ये तन है

मिट्टी में मिल जाना है

साथ कुछ नहीं

बस कर्म ही जाना है

जीवन के झगडे है

जीवन तक माया है

अंत में तो बस कर्म ही जाना है

मिट्टी का ये तन है, मिट्टी में मिल जाना है

बंद मुट्ठी से आया

खुली मुट्ठी से जाना है

साथ कुछ नहीं

बस कर्म ही जाना है

ना तन को जाना है ना धन को जाना है

बस किए कर्मों को ही संग जाना है

मिट्टी का ये तन है मिट्टी में मिल जाना है

झूठी जग क़ी माया है, झूठी ये सब काया है

एक प्रभु का नाम है सच्चा, बस वही साथ जाना है

मिट्टी का ये तन है मिट्टी में मिल जाना है

साथ कुछ नहीं बस कर्म ही जाना है, उम्मीद ना कर प्यारे

भ्रम है ये जीवन, बस कर्म कर प्यारे

मिट्टी का ये तन है मिट्टी में मिल जाना है

साथ कुछ नहीं बस कर्म ही जाना है ||

:- आशाओं का दीप -:

मेरे शून्य मन के झरोखे में, आशाओं का दीप हो तुम

मेरी भीगी भीगी पलकों में, करुणा का एक दीप हो तुम

मेरे मृदुल हृदय के कोने में, विश्वास की एक ज्योत हो तुम

मेरे जीवन की तपती धूप में, शीतल सी ठंडी छाँव हो तुम

सिसकियों से घुटते मन में, मुस्कान से अमृतघन हो तुम

मेरे खामोश मन की पीड़ा में, आँसुओं का सैलाब हो तुम

मेरे सूने मन की रातों में, प्रेम का एक दीप हो तुम

मेरी विरह वेदना से युक्त मन में, मिलन का संजोग हो तुम

अगर गागर की पंक्ति मैं, उसका विस्तार हो तुम

अगर मात्र छंद हूँ मैं, उसका पूरा ग्रंथ हो तुम

डूबती हुई निशा हूँ मैं, उस पर चमकता चांद हो तुम

अगर दुख में, प्रार्थना में, ईश्वर की पुकार हो तुम

अगर मैं भुजती लो सी हूँ, उस बाती के तेल हो तुम

मेरी मन की हर पीड़ा का, हर पल निदान हो तुम ॥

:- जीवन संध्या -:

मैं अकेला, पंथ अकेला

राह कठिन है

सुप्त हृदय, और राह अकेली

चलना होगा जीवन संध्या पथ पर अकेले अकेले

मैं अकेला, पंथ अकेला

कल्पित पग, धुंधले नयन

काँटे भरे पथ

चलना होगा जीवन संध्या पथ पर अकेले अकेले

बिना जीवन साथी जीवन अधूरा

सांसे भी धीमी, मन भी थका सा

जीवन भी भुजा सा, मन का हर कोना है सुना

बस पास बीती है यादें, और अकेला ये जीवन

खामोश दिन और बुझी दीप सी ये रातें

किन्तु चलना होगा जीवन संध्या पथ पर अकेले अकेले

मैं अकेला, पंथ अकेला

तन अकेला, मन अकेला

हर दिन है बहुत ही लम्बा

शरीर भी है कुछ थका थका सा

अपनों से कुछ अपमान सहे है

हाथ में लाठी, और कमर झुकी सी

ध्वनि भी है मध्यम मध्यम

हृदय भी है डरा डरा सा

किन्तु चलना होगा जीवन संध्या पथ पर अकेले अकेले

मैं अकेला, पंथ अकेला राह कठिन है ||

:- नारी शक्ति -:

मैं स्नेह, प्रेम करुणा का सागर,
शक्ति और ममता का गागर
पर नारी हूँ, कमजोर नहीं मैं
शक्ति हूँ, आक्रोश नहीं मैं
ठहरी नदी हूँ, उन्मत नहीं
शांत हूं, पर कमजोर नहीं मैं
जल हूँ, पर सैलाब नहीं
अग्नि हूँ, ज्वाला नहीं मैं
धरा हूँ, आकाश नहीं मैं
इत्र हूँ, फूल नहीं मैं!
फ़िज़ा हूँ, मौसम नहीं मैं
नारी सशक्तिकरण का रूप हूँ,
अबला नहीं, कमजोर नहीं मैं,
चट्टान हूँ मैं, कमजोर नहीं मैं ॥

:- यादें -:

यादें यादें.... मीठी मीठी यादें!

छोटी छोटी बाते, यादें यादें!!

कड़वी , खट्टी यादें यादें!

वो बचपन के प्यार, दुलार

वो ममतामय स्पर्श, कैसे वो स्वर्णिम यादें

ज़ब रातों में आएंगी

वो तेरी विरह वेदना मुझसे कैसे सही जाएगी

तू मेरी मन की अभिलाषा , तू मेरे मन की परिभाषा

तू मेरी छाया, तू मेरा साया

तेरे होने है गुलजार मेरा जीवन

तेरा स्पर्श, अब कैसे पाऊँगी

कैसे मैं बेटी बेटी कर किस पर रोब जमाऊँगी

किससे अपने पल बाटूंगी

किसपर प्यार मैं वारूँगी, किसको गले लगा कर मैं अपनी असीम पीड़ा दिखाऊँगी

मान हो तुम मेरे जीवन का, मुझे भूल कर उच्च शिखर तक जाओ तुम

जीवन में जो तुम चाहती हो, वो सब पाओ तुम

मेरे जीवन को उज्ज्वल करना, मेरे सम्मान का मान तुम रखना

कृष्णा का तुम साथ है रखना, अपना तुम ध्यान है रखना ॥

:- यादें -:

यादों का कोई दायरा नहीं होता
ये विशाल समुन्दर जैसी असीमित
आकाश जैसी अनंत
कभी वसंत जैसी हरी भरी, नवीन कली जैसा बचपन
शैशव काल, यादों के सुखद पल, ममतामय स्पर्श, पिता का प्यार,
लड़कपन, भोलापन, सहयोगी के साथ मस्ती
जोली हमजोली, आँख मिचोली, वो पीनी में छप छप, वो कागज की कश्ती
वो बारिश का पानी, वो मटरे की खुशबू
यादें यादें! मीठी मीठी यादें
यादों का कोई दायरा नहीं होता
वो सावन की मस्ती, यौवन में प्रवेश
सफलता में कभी संघर्ष, कभी ऊंचाइयों के सुखद पल
जीवनसाथी से मिलन की बेला में मिले मादक विश्वास के सुन्दर पल
बच्चों की किलकारीं, छोटे छोटे हाथों का स्पर्श, उनके साथ की मस्ती,
सम्पूर्ण जीवन बस परिवार के साथ प्रेम के अनोखे गुलदस्ते
यादें यादें मीठी यादें,
यादों का कोई दायरा नहीं होता
जन्म से मृत्यु तक बस यादों का सिलसिला
बहार सी यादें बच्चों को मिले मैडल से प्रफुल्लित मन,
मानो जीवन की पथ यात्रा सफल
वो बच्चों की शादी की खुशियों के यादगार पल
बस घर आँगन में बहार ही बाहर
यादें यादें मीठी मीठी यादें, कड़वी खट्टी यादें
यादों का कोई दायरा नहीं होता
पतझड़ सा जीवन, सबसे कठिन अनुभव के पल
बीती यादों को याद करने के पल
पुरानी यादों में खुशियाँ बटोरने के पल
बिखरता जीवन, अपना सब बच्चों को समर्पित
अंतिम समय, ईश्वर में मग्न जीवन
यादें यादें मीठी मीठी यादें
यादों का कोई दायरा नहीं होता

:- वसंत ऋतु -:

वसंत ऋतु आयी रे, वसंत ऋतु आयी!

खुशियों का सन्देश है लायी!!

चारों तरफ हरियाली है छायी

पत्ता पत्ता महक रहा है

डाली डाली लहक रही है!

फूल खिले है गुलशन गुलशन

कुदरत अनेक नेक रंग बिखेरे

बगिया जैसे लहक रही है!!

पर्वत पर है लाली है छायी

बागों में हरे कालीन खिले है!

जर्रा जर्रा महक रहा है

नई उमंग के दीप जले है

प्रकृति के रंगों से हृदय

जैसे खिल खिल जाये!

मस्ती में झूमे, मस्ती से मल्हार गीत गाये ||

:- नारी शक्ति -:

युगों युगों से नारी ने शक्ति का रूप दिखाया है

कभी दुर्गा बन, कभी काली बन कभी, शक्ति बन

अपना परचम फहराया है इतिहास गवाह है,

नारी की शक्ति को देख नर भी घबराया है

नारी के साहस के सामने खुद को नर ने झुका पाया है,

मेवाड़ की ज्योति अद्भुत सुन्दर पद्मावती ने

मेवाड़ की आन बान के लिए खुद को जौहर कर, आत्मसम्मान बचाया था

खुद मर मिट कर मेवाड़ की मिट्टी को चन्दन बनाया था

पद्मावती को पाने की चाह में खिलजी ने ये सब देख

हार को गले लगाया था

युगों युगों से नारी ने शक्ति का रूप दिखाया है

अपने साहस से मेवाड की मिट्टी को गले लगाया था

नारी की शक्ति के सामने नर क्या दानव भी घबराया है

माता सीता को पाने की चाह में, रावण अपहरण कर लंका लाया था

माता के एक तिनके के सामने रावण छू भी ना पाया था

सीता माँ के अटल विश्वास से नाश हो गया रावण के कुल का

खुद को कष्ट देकर रावण का अभिमान गिराया था

नारी की शक्ति के आगे खुद रावण घबराया था

युगों युगों से नारी ने शक्ति का रूप दिखाया है

कभी दुर्गा बन, कभी काली बन, कभी शक्ति बन, अपना परचम फहराया है

अश्वारोहण और शस्त्र-संधान में निपुण महारानी लक्ष्मीबाई ने

अंतिम सांस तक अंग्रेजों को मार गिराया था

देख के अद्भुत शौर्य उनका हर अंग्रेज घबराया था

वो खूब लड़ी मर्दानी थी वो तो झांसी वाली रानी थी

हर नारी के लिए मिसाल है वो,शक्ति की पहचान है वो, दुश्मन के लिए मर्दानी है वो

युगों युगों से नारी ने शक्ति का रूप दिखाया है

कभी दुर्गा बन, कभी काली बन, कभी शक्ति बन अपना परचम फहराया है

इतिहास गवाह है नारी की शक्ति को देख ईश्वर भी घबराया है

महाकाली ने दानवों के रक्तबीज को पी कर अति भयानक रूप लिया

देख देवी का रूप देवता भी घबराए थे

देवी के क्रोध को शांत करने हेतु स्वयं महादेव भी चरणों में बिछ गए

युगों युगों से नारी ने शक्ति का रूप दिखाया है ||

:- मंज़िल -:

हौसले बुलंद हो जब तो मंजिल मिल ही जाती है
जज़बा कुछ कर गुजरने का हो
और दिल भी मजबूत हो
तो पूरी कायनात साथ हो ही जाती है
ज़ब इरादा बुलंद हो
हिम्मतें हो अगर फौलादी
आँखों में कुछ कर गुजरने का जुनून हो
और कृष्णा तेरा साथ हो
तो अँधेरे में भी रौशनी मिल ही जाती है
लक्ष्य अर्जुन सा अटल हो
विश्वास तेरा अडिग हो
डग मग ना तेरा मन हो
और इच्छा शक्ति तेरी प्रबल हो
गहरे समुन्दर में भी मोती मिल ही जाते है
मन में आशाओं के दीप जले हो
उम्मीदों की ज्योति जली हो
अभिमन्यु सा साहस हो मन में
पहाड़ों में भी मंजिल मिल ही जाती है
ना रुकना मेरे साथी
ना थकना मेरे साथी
खुद ही चट्टान सा, मन को कर ले
तो दरिया भी पार हो ही जाती है
सैकड़ों कांटे होंगे मंजिल के अग्नि पथ पर
हौसला बुलंद हो और जज़बा कुछ कर गुजरने का हो,
तो मंजिल मिल ही जाती है
मानवता को हृदय में धारण कर
सत्य और धर्म की पगड़ी पहन कर
परोपकार की भावना दिल में रख कर
नेकी को रास्ते पर चल कर
तूफानों मे भी कश्ती पार आ ही जाती है
हौसला बुलंद हो मंजिल मिल ही जाती है॥

:- जीवनसाथी -:

ये हाथ थामा था, मेरा साथ मांगा था

जज़्बात थे उसमें, विश्वास था उनमें

ये उम्र भर के थे रिश्ते, दिल तक के थे रिश्ते

हर हाल में भी साथ का बंधन मांगा था

उनसे जुडा हर लम्हा दीवाना था

कभी प्यार का, कभी इकरार का फंसाना था

मुहब्बत दिल से थी उनकी,होठों पर अफसाना था

कभी गुलजार था चमन प्यार से

कभी शिकायत का फसाना था

मंजिल थी मैं उनकी, हवा में महक थी उनकी

बिना मेरे वो ऐसे, जैसे जल बिन मछली

कहा था कभी उन्होंने

हाथ पकड़ा था, कभी ना छोड़ने के लिए

आये कितने भी तूफान तेरे मेरे जीवन में

ये साथ, ये तेरा विश्वास ताउम्र के लिए

दुख के घने तूफान में भी,कश्ती है वो मेरी

अमावस्या की रात में जुगनू की सी रोशनी उनकी

बहारों में मेरे, फिजाओं में मेरे

हर जज़्बात में साथ हैं वो मेरे

आसान नहीं किसी के दिल में बस जाना

बिना डोर के भी दिल से जुड़ जाना

मेरे हर दुख थे उनके, मेरे हर गम थे उनके

ये हाथ थामा था ,मेरा साथ माँगा था

जज़्बात थे उसमें, विश्वास था उनमें

ये हाथ थामा था मेरा साथ माँगा था ॥

:- वक़्त -:

वक़्त क्या रेत का दरिया

जो हाथों से फिसल जायेगा

बस बुरे, अच्छे अनुभव दे जायेगा

गम के निशान छोड़ जायेगा

कुछ अच्छे, बुरे पल छोड़ जायेगा

वक़्त क्या नदी की धारा जैसा

जो सागर में मिल जायेगा

अपने कर्मों की छाप छोड़ जायेगा

अपनी पहचान छोड़ जायेगा

कही अच्छी, कही बुरी छाप छोड़ जायेगा

किसी के दिल में जगह

तो किसी के दिल में कड़वाहट छोड़ जायेगा

वक़्त क्या धूप के जैसा

जो संध्या में ढल जायेगा

कौन अपना है, कौन पराया है

ये वक़्त के साथ पता चल जायेगा

वक़्त क्या कर्मों का लेखा

जो हर दिन खुद ही लिख जायेगा

बस निशान अपने वजूद के छोड़ जायेगा

वक़्त क्या एक खुली किताब के जैसा

हवा की आहट से बदल जायेगा

बस जीवन को देखने का पहलु बदल जायेगा

वक़्त क्या सूखे पत्ते के जैसा

जो आँधी के साथ अपना वजूद खो जायेगा

वक़्त को ठहरा लो प्यारे

वक़्त को सीढ़ी बना लो प्यारे

क्योंकि ये जीवन तो साथ छोड़ जायेगा

बस अपने हर पल का हिसाब छोड़ जायेगा

वक़्त क्या रेत का दरिया

जो हाथों से फिसल जायेगा ||

:- क्या खोया क्या पाया -:

विचार करो, क्या खोया, क्या पाया तुमने

अनजानी इस दुनिया में कितना यश कमाया तुमने

ये जीवन एक कोरा कागज है

कितने रंग सजाये इसमें

जीवन एक अनजान ड़गर है

हर ड़गर को पहचाना कैसे

कैसे मार्ग सरल बनाये

हर राह में काँटे बहुत है

कैसे उन काँटों से पार तुम आये

हर पथ पर मिले घायल पंछी

कितनों के ज़ख्म सुखाये तुमने

राह में कितने हताश, निराश है राही

कितनों को आशा की एक किरण दिखायी

मुस्कान बने उन लोगों की

जो जीवन से सब हार गए

विचार करो, क्या खोया, क्या पाया तुमने

अनजानी इस दुनिया में कितनों का जीवन सँवारा तुमने

विचार करो, कृष्णा ने ये जीवन दिया

अनमोल ये नर्तन दिया

सांसे दी, सम्पूर्णता दी

जीवन की हर उपलब्धि दी

विचार करो, मिला इतना सब कुछ कृष्णा से

क्या दिया तुमने कृष्णा को

कृष्णा ये तन देता है

कर्म कमाने के लिए

सांस, सांस का हिसाब चुकाने के लिए

विचार करो, क्या खोया, क्या पाया तुमने

कृष्णा सबकी मुस्कान का कारण

तुम कितनों की मुस्कान का माध्यम

महसूस करो, दुःख अन्य के

अन्य को जीवन दान करो

अनुभूत करो दुःख अनुभावक विहीन बच्चों का

घनी पीड़ा है छायी उनके मन मे

सुनामी सी लहरों का सैलाव है उनके हृदय में

सँवारो उन बच्चों का जीवन

यशमय बनाओ उनका जीवन

खुद महसूस करोगे, क्या खोया, क्या पाया तुमने

वो दौलत कमाओगे तुम

वो शोहरत कमाओगे तुम

कर्मों को उज्ज्वल बनाओगे तुम

कृष्णा का साथ भी पाओगे तुम

विचार करो, क्या खोया, क्या पाया तुमने

डॉ विश्वास का कथन है

जन्म का पता नहीं

मृत्यु को ऐसा बनाओ कि तुम जाओ ज़ब

तुम हंसों, जग रोये सारा

सूरज सी किरणों सा तेरा तेज होगा

मानवता का होंगे एक उदाहरण

विचार करो, क्या खोया, क्या पाया तुमने ||

:- विश्वास की ज्योति -:

विश्वास की ज्योति जला ले

जीवन के दुर्गम पथ पर

अभिलाषा के दीप जला ले

जीवन के निराशा पथ पर

माना की रास्ते कठिन हैं

जीवन में तपन अधिक हैं

किन्तु ना निराश कर मन को

क्योंकि जीवन में घूप अधिक है

ना हताश कर मन को

क्योंकि जीवन में हार अधिक है

मिली नाकामी तो क्या हुआ

ना यूँ मायूस कर मन को

विश्वास को दृढ़ कर तू

तपकर खुद को कुंदन बना ले

निराशा की रात हटाकर, दीप विश्वास के तू जला ले

ठान ले सपनों को पूरा करने की

विश्वास का दीपक तू जला ले

बन जा प्रेरणा तू दूसरों की

संकल्प तेरा अटल हो

चट्टान सा विश्वास तेरा हो

विश्वास के दीये जला कर

मन को तू मजबूत बना ले

मुश्किलें सफलता के पथ पर निश्चित ही होंगी

अमावस के बाद पूर्णिमा भी होगी

उम्मीदों के सूरज भी चमकेंगे

बस विश्वास का दीप जला ले

जीवन के इस दुर्गम पथ पर

अभिलाषा के दीप जला ले

जीवन के निराशा पथ पर

अभिलाषा की ज्योत जला ले ॥

:- सुकून क्या हैं -:

सुकून क्या है, सागर के जैसा

जो इच्छा रूपी सागर की लहरों में बह जायेगा

सुकून क्या है, आकाश के जैसा

जो इच्छा रूपी एकाकी गहरी रातों में खो जायेगा

सुकून क्या अनंत इच्छा की लहर

एकाकी रातें , अतृप्त मन, विचलित जीवन

और पाने , बहुत पाने की अनंत चाह

इच्छा क्या मृग तृष्णा जैसी, अशांत सागर के जैसी गहरी

मृग तृष्णा से उत्पन्न अतृप्त जीवन, कुछ विषय वासना, कुछ पाने की चाह

मृग तृष्णा से बेचैन, स्वप्न हीन रातें

जैसे कस्तूरी के लिए अतृप्त मृग फिरता वन वन

इच्छा पूर्ति के लिए अतृप्त मेरा मन

नहीं पता, कब इच्छा रूपी सुनामी में सुकून बह सा गया

नहीं पता, सुकून कब मिलेगा

बस और पाने, बहुत पाने की है चाह

नहीं पता, सुकून कब मिलेगा

बस सबसे ऊपर उठने की है चाह

नहीं पता, सुकून कब मिलेगा

पर सच तो यह है, सुकून है बस अपने मन के अन्दर

नहीं पता, सुकून कब मिलेगा

पर सच तो यह है, सुकून है बस कृष्णा के दर पर ||

:- मन का सैलाब -:

कृष्णा, आज एक सैलाब सा उमड़ रहा मन में

सुनामी क़ी लहरो जैसा भाव आ रहा हैं मन में

ये कैसी है नियति, ये कैसी कसक है

ये कैसी विडंबना है मन में

ये जीवन ही क्यों है, ये जन्म ही क्यों है

बस काँटे ही काँटे है राह में, फूल कहाँ है

कैसे होंगे जीवन के अब दिन पूरे

कैसे ये कश्ती पार आएगी

हे कृष्णा! अब शक्ति दो आप मुझे

डगमगा रहा मन और जीवन मेरा

बेचैन और परेशान हैं मन मेरा

बन जाओ मेरी डूबती नैया के खिवैया

बन जाओ माझी मेरे जीवन पथ के

बन जाओ मेरी आस और विश्वास कृष्णा

दे दो इतनी शक्ति, पार कर जाऊँ इस जीवन क़ी नैया ।।

:- जीवन शिक्षा -:

साँसों की डोर कब छूट जाये, क्या पता प्यारे

जीवन की नैया कब डूब जाये, क्या पता प्यारे

कोई कर्म ऐसा कर जाओ कि खुद मिसाल बन जाओ

फूलों की बगिया की तरह, जीवन को महका दो

सागर से उत्पन्न अनमोल रतन बन जाओ

किसी के चेहरे की मुस्कान का कारण बन जाओ

किसी के गम को तुम अपना लो

वृक्ष के जैसे किसी के जीवन में छाया बन जाओ

किसी के अँधेरे जीवन में दीप प्रज्वलित कर दो

किसी के होंठों पर मुस्कान बन जाओ

अपने गम को भूला कर, किसी की उम्मीद बन जाओ

सोने की तरह खुद को तपा कर, कुंदन बना लो

झील जैसा खुद को शांत बना लो

चाँद जैसा खुद को शीतल बना लो

बन जाओ किसी की डूबती नैया के तुम खिवैया

बन जाओ माझी के तुम पतवार

बन जाओ किसी सीप के तुम मोती

माला में तुम खुद को पिरो लो

बन जाओ जीवन तुम किसी का

कुछ कर्म ऐसा कर जाओ, खुद मिसाल बन जाओ ||

:- साँसों की डोर -:

सांसों की डोर से बंधा तेरा मेरा रिश्ता

सूरज की लालिमा जैसा उज्ज्वल है ये रिश्ता

शांत महासागर से भी अनंत गहरा है

दिया की बाती जैसा पवित्र है ये साथ

जो खुद अग्नि पथ पर जलकर

मुझे कुंदन बना दे, है ये वो त्याग

धूप में खुद जल कर मुझे छाया दे, ऐसा है विश्वास

इस कठिन जीवन को सुगम बना दे

है ये वो अहसासों का रिश्ता

काँटों के पथ पर खुद चल कर, फूल बिछा दे

इत्र की सुगन्ध के जैसे जग में महका दे

ऐसा है ये रिश्ता

अमावस्या के अँधेरे नहीं, पूर्णमासी के चाँद जैसा

जीवन की हर राह को जो सरल बना दे

ऐसा है ये रिश्ता

अद्वितिय प्रेम, विश्वास और समर्पण का है ये रिश्ता

सात जन्म नहीं, जन्म जन्मांतर का है ये रिश्ता

कृष्णा की सखा जैसा है, ये तेरा मेरा रिश्ता

सांसों की डोर से बंधा तेरा मेरा रिश्ता ||

:- खट्टी मिट्ठी यादें -:

खट्टी, मीठी यादों का सिलसिला

मिले कुछ अच्छे बुरे अनुभव का सिलसिला

रेत सा फिसल जाता है हर पल जिंदगी का

पद चिन्ह छोड़ जाता है यादों का सिलसिला

मिलते है जीवन पथ में सैकड़ों लोग

उनमें से कोई दिल का हिस्सा बन जाता है

कुछ अविस्मरणीय यादें, कोई कड़वे अनुभव छोड़ जाता है

ये तो जिंदगी है किसी के लिए नहीं रुकती

बस छोड़ जाती है, खट्टी-मीठी यादों का सिलसिला

किसी से प्रेम हो जाये और मिल जाये प्रेम का साथ

वो ख़ूबसूरत सपनों के पल, सब है किस्मत की बात

मिले प्रेम या रह जाये खूबसूरत सपनों के पल

ज़िंदगी बस छोड़ जाती है

खट्टी,मीठी यादों का सिलसिला

जीवन पथ संघर्ष से घिरा है

दुखों का मेला घेरे खड़ा है

सुख तो केवल पल भर का साथी

ज़िन्दगी हर पल एक परीक्षा लिए खड़ी है

सुख के होते हैं सब साथी, दुख में कोई अपना ही खड़ा है

ये पल क्या हैं, खट्टे-कड़वे अनुभव के सिलसिले

आँखों में नये अनुभव लिए बस छोड़ जाती है

खट्टी-मीठी यादों का सिलसिला

वो बचपन का पागलपन, अल्हड़पन, मस्ती और मीठी यादों के पल

जवानी का दीवानापन, संघर्ष की तपिश और वो अनुभव के पल

अकेलापन, खालीपन, बुढ़ापे के वो जर्जर से पल

जीवन क्या हर दिन नये अनुभव का सिलसिला

लिए खट्टी, मीठी यादों का सिलसिला

मिले कुछ अच्छे और बुरे अनुभव का सिलसिला ||

:- उलझी गुत्थी -:

हर जीवन एक उलझी गुत्थी, जीवन की डोर है उलझी उलझी

हर दिन जीवन एक चुनौती, हर दिन अलग पीड़ा मन की

हर दिन संघर्ष जीवन के, हर दिन तेज तपन जीवन की

उजली उजली रात में भी, मैं सुलझाती गुत्थी जीवन की

जितनी सुलझाती गुत्थी जीवन की, उतनी ये डोर उलझती जाती

हर दिन बेचैनी जीवन की, हर दिन एक पहेली जीवन की

नये रंग और रूप लिए, हर उलझन जीवन की

उलझा उलझा मेरा मन है, उलझा उलझा मेरा तन है

कैसे सुलझाऊँ गुत्थी जीवन की

सुख तो बस शीतल हवा का झोंका, हर दिन बस लू के जैसा

तेज धूप है और जलन है, पैर भी कुछ छिले छिले से

आँखें भी है भीगी भीगी, हृदय भी बस शून्य है मेरा

हर तार उलझा है मन का, हर डोर उलझी जीवन में

एक समस्या सुलझाती हूँ, आ जाती अन्य तभी सामने

पहाड़ों सा ये है जीवन, उसके ऊपर धूप बहुत है

कभी तूफानी रातों सा ये जीवन,

कभी अंगारों सा है ये जीवन

जितनी मैं सुलझाऊँ गुत्थी , उतनी ये उलझती जाये

एक सहारा कृष्णा तू जीवन का,

एक आस्था तू जीवन की

एक कामना तू है मन की

माना की जीवन अति रहस्यमय है

किन्तु तू है तो सब डोर सुलझेंगी जीवन की

तू साथ है तो उलझी डोर भी सुलझेगी मन की ||

:- ढलती संध्या -:

हर ढलती संध्या की बस एक कहानी है

सुनो हर बुजुर्ग से उनकी जुवानी ये

हर दिन का सन्नाटा, हर दिन की ख़ामोशी

कभी दिल में घबराहट तो कभी आँखों में पानी है

समझो तो आंसू है ना समझो तो पानी है

पर सच तो ये है, पानी हर दर्द की एक कहानी है

हर ढलती संध्या की बस एक कहानी है

सुनो हर बुजुर्ग से, उनकी जुवानी ये

दरवाजे पर तरसती ये आँखें, बयां करती इंतजार को

हर पल कब आएंगे मेरे बच्चे, एक झूठी आस हैं

ये सुनी आस है, ये बेमानी विश्वास है

दरवाजे की हर दस्तक पर, सूने इंतजार की कहानी है

हर ढलती संध्या की बस एक कहानी है

सुनो हर बुजुर्ग से, उनकी जुवानी ये

संध्याकाल से निशाकाल तक की कहानी है

ये खामोश और बस बेजुवानी है

इंतजार, और बस खुद को तसल्ली की कहानी है

दीप के सहारे की ये कहानी है

सच तो है प्यारे, बस लाठी ही कहानी है

बस भीगी आँखों में इंतजार की कहानी है

हर ढलती संध्या की बस एक कहानी है

सुनो हर बुजुर्ग से, उनकी जवानी ये

:- ये जीवन तेरा दिया -:

हे कृष्णा।। ये जीवन तेरा दिया, तेरे नाम रहे।

सुबह, शाम बस होंठों पर तेरा नाम रहे

रोम रोम में तू बसा हो, सांस सांस में बस तेरा नाम हो

ये जन्म जीवन भी कम पड़ जाये,

मेरे हर ज़र्रे ज़र्रे में बस तेरा नाम हो

ये जीवन तेरा दिया, तेरे नाम रहे

सुबह शाम बस होंठों पर तेरा नाम रहे

मेरी हर सुबह तुझसे शुरू हो

जीवन की संध्या तक बस तेरा नाम हो

जब अंत समय हो मेरा बस तेरा ही साथ हो

मेरी हर फुर्सत में बस तू ही हो, मेरे हर कारण में बस तू ही हो

ज़ब प्राण तन से निकले गोविन्द, बस होंठों पर तेरा नाम हो

मेरा ये जीवन तेरा दिया है

ये जीवन का हर सुख तेरा दिया है

मेरे दुख मेरे कर्मों के साथी

बस एक तमन्ना हे मेरी

मेरे हर कर्म में तू मेरे साथ हो

मेरी हर सांस में बस तेरा नाम हो

जीवन में लाख मुश्किल है कृष्णा

पर तू साथ है तो ये मुश्किल सफर भी है आसान मेरा

मेरे हर मुश्किल सफर में बस तू केवट हो मेरा

मेरी कश्ती का तू हो खिवैया

भँवर में जब भी हो मेरी कश्ती

मेरा तू साथी हो , तू ही किनारा

सांस सांस में बस तेरा नाम हो

जीवन में हर पल मुश्किल बड़ी है, हर राह काँटों से भरी है

हर पथ है टेढ़ा, मुश्किल डगर है

पता नहीं मंजिल का, मुश्किल बड़ी है
बस उम्मीद मेरी तुझसे
जीवन के हर पथ पर मेरी मंजिल तू ही हो
मेरी हर सांस सांस पर तेरा नाम हो

:- होली -:

होली का त्यौहार है आया, रंग बिरंगी सौगात हैं लाया

खुशियों के रंग खिले हैं , चप्पा चप्पा गुलजार हुआ है

होली का त्यौहार है आया

परम्पराओं को है लाया

सतरंगी इंद्र धनुष रूपी रंग बिखेरे

गली गली में बच्चों की टोली

रंग बिरंगी आँख मिचोली

घर घर में मिष्ठान की खुशबू

होली का त्यौहार है आया, खुशियों की सौगात लाया....

त्यौहार है आया, सबको एक रंग में मिलाया

रिश्तों की दूरी को मिटा कर

दोस्ती सा अहसास कराया

होली का त्योहार है आया, परम्पराओं को है लाया

चारों तरफ टेसू के फूलों की खुशबू

पिचकारियों, गुब्बारों और रंगों के मेले

ढ़ोल, नगाड़ों की धूम मची है

होली का त्यौहार है आया, रंगों का त्यौहार है लाया....

भाँग, ठंडाई के स्टॉल लगे हैं

मस्ती में लोग झूम रहे हैं

चारों तरफ खुशियाँ हैं छायी

दुश्मन भी अब दोस्त बने हैं

होली का त्यौहार है आया, परम्पराओं को है लाया

होली का त्यौहार है आया, कृष्णा का सा रास ये लाया ॥

:- मन रो रहा है -:

है कृष्णा!

तेरे संसार को देख मेरा मन रो रहा है

चारों तरफ दुख का अंधेरा छा रहा है

ये कैसी है विवशता, ये कैसी है पीड़ा

बस हर तरफ दुख की घनी वेदना है

रोते बिलकते इंसानों को देख

मेरा मन रो रहा है

दो वक़्त की रोटी के लिए इंसान रो रहा है

ना सिर पर छत है, ना अपनी जमीं है

बस दर-दर ठिकाने के लिए वो फिर रहा है

ना तन पर है कपड़ा ना पेट भरा है

आँखें है भीगी और दिल भी हारा हुआ है

हर आस उनकी बस तुझ पर टिकी है

क्यों है इस समाज में इतनी विषमता

धनी और धनी हो रहा है

निर्धन बस और बेबस हो रहा है

कैसे होगा सामंजस्य धनी और निर्धन में

क्यों धनी अपने अहंकार में खो रहा है

क्यों नहीं साथ है वो बेबस लाचार लोगों के

इसी कारण संसार में जुर्म बढ़ रहा है

चारों तरफ है चोरी चकारी

हर तरफ है बुराइयों का तांडव

पेट की खातिर जुर्म बढ़ रहा है

हर कोई हर किसी को झुकाने को खड़ा है

देख कृष्णा तेरे रचित संसार को क्या हो गया है

देख ये सब मेरा दिल रो रहा है

अब राम सा राजा कहाँ है

सुदामा के जैसा मित्र कहाँ है
मेरे कृष्णा जैसा सारथी कहाँ है
लक्ष्मण के जैसा भाई कहाँ है
हनुमान जैसी भक्ति अब कहाँ है
सीता जैसी अब नारी कहाँ है
बस हर इंसान अपने ही स्वार्थ में खो रहा है
अपना ही अपनों के खिलाफ खड़ा है
हे कृष्णा,
समझना होगा हर इंसान को
साथ कुछ नहीं है जाना
बंद मुट्ठी से आये थे हम
और खुली से है जाना
फिर क्यों घमंड दिखाना है
ये सब समझ क्यों ना आज तक कोई पाया है
कृष्णा ने दिया सब कुछ हमको
बस उनको ही लौटाना है
जीवन दिया अनमोल से सत्कर्मों में लगाना है ||

:- नारी शक्ति -:

ईश्वर ने अलग मिट्टी से बनाया स्त्री रतन को

अद्वितीय, अनुपम सुन्दर, अति कोमल रतन को

इत्र सी सुगंध दी स्त्री रतन को

धूप में भी तप कर कुंदन बनी वो

कभी बेटी, पत्नी और कभी स्नेहमयी माँ बनी वो

घने जंगलों में देवी का मंदिर है वो

कभी देवी, कभी दुर्गा, कभी चंडी है वो

जीवन के हर अंधेरों को मिटा दे

पत्थर को भी मोम बना दे, ऐसी शक्ति है वो

दीपक की लो सी, हर संघर्ष से तपती है वो

जिस साँचे में ढाल दो ढल जाती है वो

मिट्टी की मूरत है, साँवली सूरत है, मोहिनी सीरत है

प्रेम, स्नेह और ममता का सागर है वो

आस्था, प्यार और विश्वास का नाम है वो

हर घर आँगन के जीवन का आधार है वो

इस बेमानी दुनिया में एक मात्र प्यार है वो

जीवन के हर पल में समर्पण और अर्पण है वो

जीवन की हर कसौटी पर खरा उतरे ऐसी क्षमता है वो

टूटी हुई उम्मीदों की एक मात्र आस है वो

सारा जीवन दूसरों के लिए समर्पित करती है वो ॥

:- समय बड़ा अनमोल -:

समय बड़ा अनमोल ओ प्यारे समय बड़ा अनमोल

गया समय वापस ना आवे समय का कर ले उपयोग

समय बड़ा अनमोल ओ प्यारे समय बड़ा अनमोल

समय तो है अमृत की धारा मत बहने दे इसको प्यारे

पी ले तू समय की अमृतधारा बीता समय ना वापस आवे

बाद में पछताए ओ मितवा बाद में पछताए

समय बड़ा अनमोल ओ प्यारे समय बड़ा अनमोल

समय है ये रेत का दरिया जो हाथों से पल पल फिसला जाये

हर पल को तू मंजिल बना ले वर्ना बाद में पछताये

समय बड़ा अनमोल ओ प्यारे समय बड़ा अनमोल

समय ना प्रतीक्षा करे किसी की, समय का पहिया घूमता ही जाए

मानव जीवन नश्वर है पल पल जीवन घटता जाये

समय को तू मूल्यवान बना ले बाद में पछतायेगा

समय बड़ा अनमोल ओ प्यारे समय बड़ा अनमोल

हर क्षण का सदुपयोग तू कर ले

जीवन को उच्च शिखर पर पहुँचा दे

सांस सांस है बहुत कीमती, समय की धारा बहती जाये

ना जाने अनमोल खजाना साँसो का

कब समय उड़ा ले जाये

कोई गुरु ना समय का साथी

कोई बॉस ना समय का साथी

सरपट सरपट भागा जाये

ना गवां समय को साथी बाद में पछतायेगा

समय बड़ा अनमोल ओ प्यारे समय बड़ा अनमोल

समय है अश्व की रासें जैसे

एक रासें छूटी अश्व की, समय भी छूट जायेगा

बाद में पछतायेगा

समय बड़ा अनमोल ओ प्यारे समय बड़ा अनमोल

:- जीवन गाड़ी -:

पटरी पर थी जीवन गाड़ी, उस पर थी फूलों की क्यारी

हर दिन वसंत सा मौसम था, छोटा सा मेरा घरौंदा था

कृष्णा की रहमत थी हम पर, चारों ओर हरियाली थी

फूल खिले थे गुलशन गुलशन, अमन और शांति थी

आया तूफान देश पर, अचानक हमला हुआ

ये क्या हुआ, ये क्या हुआ

क्या करूँ, कहाँ जाऊँ, कैसे अपने घरोंदे को बचाऊँ

सोच-सोच मन द्रवित हो रहा था, धैर्य भी हृदय से जैसे जा रहा था

आखिर आशियाना छूटा, सारा राजपाट छूटा

चारों तरफ थी त्राहि त्राहि, लाशों की चादर बिछी थी

घर बार सब बिखर गये थे, बच्चे बूढ़े तड़प रहे थे

मंजर दुःख का हर तरफ था, चारों तरफ बारूद धुआँ था

घर से बेघर शरणार्थी हुए, दाने दाने को तरस रहे थे

अपनों का साथ था छूटा

इतना बेबस, लाचार मैं कभी नहीं था

तिनका, तिनका जोड़ा जो, वो अब बिखर गया था

पुतिन, तेरे कारण ये सब क्या हो गया था

खुशहाल था हमारा देश और जीवन

तूने उसमें काँटों की सेज सजायी

पुतिन, निजी रंजिस के लिए तूने लाखों के घर उजाड़े

अपने, अपनों से जुदा हुए

अब कैसे पुनः जीवन सँवरेगा, दुःख के बादल कैसे छटेंगे

जो तिनका तिनका कर बनाया आशियाना

फिर नव निर्माण अब कैसे होगा

अपनों का साथ अब कैसे मिलेगा

अनाथ फूल अब कैसे खिलेंगे

पुतिन, तू क्या जाने जीवन की ट्रेन ज़ब छूट जाती है

तो क्या होता है, तो क्या होता है...... ॥

:- पाषाण मन -:

पाषाण मन मेरा करुणा से भरा है

कृष्णा! इस पापी पेट की दुःख वेदना है

चारों तरफ सुख की हरियाली है छायी, मेरी लिए ये सब पतझड़ भरा है

तन पर है मलिन वस्त्र , पेट भूख से है बिलखता

और सिर पर एक टूटा फूटा आशियाँ है,

कृष्णा! ये कैसी वेदना है, दो वक़्त की रोटी के लिए इतना कष्ट सहा है

माँ की आँखों में आज दुःख की है सिसकी

रसोई में चावल का दाना भी नहीं है

क्या कहे शिशु से वो अपने , उसके पास देने को आज कुछ भी नहीं है

इस प्रबल पीड़ा से मन कलुषित हो रहा है

दुधमुंहा भाई मेरा भूख से बिलख रहा है

नहीं हे माँ के पास दूध के लिए पैसा

ये कैसी बदनसीबी ये कैसी है विवशता

आज भी बापू को मालिक ने रुपया ना दिया है

पाषाण हो गए हो तुम कृष्णा!

हमारी विवशता को देखकर भी तुम निष्ठर बने हो

माँ घर का कोना कोना निहारे

शायद कही मिल जाये अन्न के कुछ दाने

तभी माँ ने मेरी बापू से कहा, ये मंगलसूत्र मेरे किस काम का

तुम साथ मेरे बस इतना ही बहुत है

आज मेरे बच्चे भूख से है रोते

सुनो इसको गिरवी रख कुछ ले आओ पैसे

बापू ने काँपते हाथों से माँ से ले लिया

बापू ने माँ से कहा

साहूकार के यहाँ इतना काम किया, पूरा दिन रात मर मर जिया,

आज मांगा पैसा नहीं आयी दया

कहा आज नहीं है समय देने को पैसा, कल बात करना, कल बात करना

कहते कहते बापू फूट फूट कर रो पड़ा

आज शासन है इन साहूकारों का, जो हम ग़रीबों पर जुल्म कर रहे हैं

कृष्णा! ये तेरा कैसा न्याय है, क्यों धनी और धनी हो रहा हैं

मैं गरीब दो वक़्त की रोटी के लिए लड़ रहा हूँ

देख ये सब पाषाण मन मेरा करुणा से भरा है

कृष्णा! ये इस पापी पेट की दुःख वेदना है ॥

:- उम्मीद की एक किरण -:

ऐ माँ तेरी पीड़ा को देख मन घबरा रहा है

चारों तरफ दुःख का मंजर छा रहा है

ये कैसी विवशता, ये कैसी घड़ी है

मेरी माँ असाध्य रोग से लड़ रही है

मन मेरा बेचैन और काँप रहा है

जो माँ मेरी शक्ति थी कल तक

वो आज शक्तिहीन हो रही है

सदाँ जिसके साये में मैं महफूज था

आज वो निराशा के साये में ख़डी है

कैसे निकालूँ जीवन- मृत्यु के चक्र से

वो खुद जीवन से हारे ख़डी है

बड़े बड़े चिकित्सक को दिखाया

हर मुमकिन चिकित्सा करवाई

कोई चिकित्सा ना उनके काम आयी

अब कोई चिकित्सक ना दुःख दूर कर पाया है उनका

दुःख गहरा और गहरा हो रहा है

माँ के मन में घोर निराशा का अंधेरा है छाया

मेरी माँ का सुंदर मुखड़ा अब अनेकोनेक छेदो से छीन भिन हो गया है

असीम वेदना दुःख को है घेरी

प्रबल पीड़ा मन में है छायी

कृष्णा! कैसे निकालूँ माँ को इस घोर वेदना से

ये सोच, सोच मन हार रहा है

तभी आयी कृष्णा को मुझ पर दया

भेजा अपना एक दूत यहाँ

अनेकोनेक गुणों से है वो भरा

माँ को देख उसने कहा, कुछ नहीं है सब ठीक होगा

माँ तेरा हर दुःख दूर होगा

अब तू मेरी भी माँ है, अब तेरे दुःख को दूर करने का खुद से वादा लिया है

माँ के निराशा भरे जीवन में एक आशा की किरण है आयी

अब मायूस चेहरे पर मुस्कान की एक झलक है आयी

चिकित्सक ने पूरी शक्ति लगा दी

माँ को जीने की फिर वजह दे दी

निराशा के काले बादल अब छँटने लगे है

जीवन में अब फूल खुशियों के खिलने लगे है

मेरा सूना चमन फिर गुलजार हो उठा है

मेरी माँ का मुखड़ा अब कमल सा खिल उठा है

अच्छों के साथ सदा अच्छा ही हुआ है

लाख आशीर्वाद है माँ का उन चिकित्सक को

जो उम्मीदों का दीपक बन कर है आया

सदा स्वस्थ और फूलों सा खिलना

हर उजड़े जीवन को फिर खुशियों से भरना

नहीं शब्द मेरे पास चिकित्सक तेरे लिए

मेरी माँ को पुनः जीवन दिया तुमने

कृष्णा तुम्हारा दामन को खुशियों से भर दे ॥

:- तिरस्कृत जीवन -:

वैश्यावृत्ति समाज की सदियों से चलने वाली दुःखद परम्परा हैं, जिसका कष्ट स्त्री जाति को उठाना होता हैं, उनकी पीड़ा को स्वयं ईश्वर भी नहीं समझ सका हैं हम तो एक मामूली इंसान हैं, असीम पीड़ा उठाये पूरा जीवन एक तिरस्कृत जीवन जीती हैं वो, क्या ये जीवन वो अपनी मर्जी से जीती है ???

बिल्कुल नहीं पुरुष समाज ही चन्द रुपयों के लिए उनके जीवन को गुमनामियों के अंधेरें में धकेल देता है और जीवन के अंत तक एक श्रापित जीवन जीने के लिए मजबूर किया जाता हैं ना केवल तन, मन की यातनायें सहनी होती हैं अपितु समाज से भी बहिष्कार ही मिलता हैं... आइए उनकी असीम पीड़ा को एक छोटी सी कविता के माध्यम से समझने की कोशिश करें...

मैं भी एक नन्ही कली थी, फूलों सी मैं भी खिली थी

मैं भी सपनों की उड़ान लिए चली थी

कुछ अरमान मेरे भी हसीन थे, मैं भी कभी अपने पापा की परी थी

माँ की मैं छाया, सखियों की मैं लाडली थी

गुलज़ार था जीवन खुशियों से मेरा

एक दिन आया एक अजनबी

प्रेम जाल में मुझको फँसा कर सुनहरे सपने सजाये

मैं भी उसके प्रेम जाल में खुद को महफूज थी करती

चलने लगा सिलसिला अब सपनों की दुनिया में जाने का

एक दिन ऐसा आया छोड़ चली बाबुल का घर आँगन, उस अनजान के प्रेम बंधन में

अनकों सपने संजोये पहुंची मैं सपनों की नगरी में

बहुत खुश थी मैं, अब मेरी भी एक पहचान होगी, चाँद सी मेरी ख्याति होगी

सोच सोच मैं बहुत थी खुश, तभी जीवन में आया एक तूफान

ये क्या हुआ, जिसने मेरे जीवन में अरमान सजाये

वो मुझे चन्द रुपयों के लिए बेच गया था

मेरा सारा जीवन उजड़ा, तिनका तिनका कर मन था बिखरा

एक पल में मैं बेटी से वैश्या बन गई

लाल गुलाब से अब काला गुलाब था जीवन मेरा

मेरी आत्मा को रोंदा, चीरा, जीवन जैसे शून्य हुआ था

किया विश्वास किसी अजनबी पर, कलंकित किया उसने जीवन मेरा

उस पल को मैं कोस रही थी, माता पिता के लिए तरस रही थी

अब जीवन था पतझड़ मेरा, हर दिन था अब सौदा मेरा

हर दिन आत्मा होती मेरी मैली, हर दिन था तिरस्कृत जीवन

बिन पानी मछली जैसे मैं मचल रही थी

ये मयखाना ही अब दुनिया थी मेरी

पहले जो सम्मान था जीवन में, अब बस हेय दृष्टि थी मेरे जीवन में

जाने कितनी यातनाएँ सही अब मैंने, हर रात बिकी आत्मा मेरी

स्वीकार कर लिया था, अब यही है जीवन मेरा

मयखाना ही था अब घर आँगन मेरा

मर गयी थी आत्मा मेरी, हर पल झटपटा रहा थी कश्ती मेरी

मैंने तो बस प्यार और विश्वास किया था

उस पर अपना जीवन वार दिया था

विश्वासघात किया उस अजनबी ने, जीवन कलंकित किया उसने मेरा

अब मैं एक बदनाम हूँ हस्ती, मैंने किया समाज को कलंकित

पूछो ये सब कहने वालों से, क्या इस सब में हमारी मर्जी शामिल थी

आपमें से ही किसी ने बदनाम किया है, जीवन हमारा शर्मसार किया है

हर दिन अब तन, मन के घाव सहे हैं

हर दिन निगाहों के तीखे बाण सहे हैं

हमारे कष्ट को ईश्वर भी ना समझे

नन्ही कली थी, फूलों सी मैं भी खिली थी मैं ||

सर्वप्रथम कृष्णा तेरा बहुत बहुत धन्यवाद, जो तूने हमें सम्पूर्ण तन दिया, तेरी बनायीं मानव संरचना में जो अंग विहीन लोग है,उन्हें देखकर बहुत दुख होता है। कोई देख नहीं सकता तो कोई चल नहीं सकता, बोल सुन नहीं सकता है, उनके मन में कितनी प्रबल पीड़ा है, अपना सम्पूर्ण जीवन ये केवल अपनी इस कमी को पूरा करने में समर्पित करते है, कुछ शब्दों के माध्यम से उनकी इस पीड़ा को समझने की कोशिश करते हैं और उनके लिए एक उम्मीद की किरण बनने की कोशिश करते हैं।

तन है मेरा आधा अधूरा , बिना नेत्र का चोला मेरा

सुना है कृष्णा, तूने एक सुंदर दुनिया बनायी

इंद्रधनुष सी दुनिया सजायी

हर दिन उज्जवल छवि मनोहर , हर रात तारों से शोभित

सुंदर प्रतिमाएँ बनायीं तुमने, दुल्हन सी प्रकृति सजायी तुमने

सुना है बहुत रंगीन है दुनिया,

लेकिन मेरे लिए है सब काला सपना

कृष्णा, सुना है अद्भुत और सुन्दर है तेरी प्रतिमा

कैसे देखूँ तू ही बता दे, कैसे निहारूँ तू ही बता दे

तन है मेरा आधा अधूरा, बिना कान का चोला मेरा

सुना है कृष्णा, यहाँ प्रकृति भी गुनगुनाती है हर दिन

यहाँ मनोहर गीत रागिनी, पक्षियों की मधुर ध्वनि यहाँ है

सुना है बहुत शोर है तेरी दुनिया में

कृष्णा, तू ही बता दे कैसे महसूस करूँ मैं तुझको

तन है मेरा आधा अधूरा, बिना कंठ का चोला मेरा

सब बोले, गुनगुनाये गाये, अपनों से मन का हाल सुनाएं

तेरे मंगल गुण गान है गाएं

मैं भी अपने मन की बात बताना चाहता हूँ

कृष्णा, तेरा एक राग सुनाना चाहता हूँ

कृष्णा तू ही बता दे बिना कंठ मैं कैसे गाऊँ, कैसे मन की बात बताऊं

तन है मेरा आधा अधूरा, अपाहिज अपंग है चोला मेरा

ऊँची ऊँची हिमालय की चोटी

तेरी बनायीं दुनिया है लम्बी चौड़ी,

जहां ऊँची नीची ड़गर भरी है

कृष्णा, तू ही बता दे कैसे पार करूँ मैं इनको

कृष्णा, सुना है कल कल करती नदियाँ, सागर

सुंदर तेरी हर रचना है, अनुपम तेरी हर प्रतिमा है

तुझको मैं छूना चाहता हूँ, अपनों को गले लगाना चाहता हूँ

कृष्णा, तू ही बता दे बिना हस्त मैं कैसे छूऊँ, बिना हस्त मैं कैसे छूऊँ

तन है मेरा आधा अधूरा, मन है मेरा आधा अधूरा ||

:- निमंत्रण साँसों का -:

चले आओ मेरे कृष्णा, साँसों का निमंत्रण है

चले आओ मेरे कृष्णा, साँसों का आमंत्रण है

मन भी है सूना सूना

आँखें भी है खाली खाली

तेरे आने से ही मेरे जीवन में छायी है हरियाली

चले आओ मेरे कृष्णा, साँसों का निमंत्रण है

चले आओ मेरे कृष्णा, साँसों का आमंत्रण है

रातें भी बेचैन मेरी

आँखों में है ना कोई निंदिया

हर पल बेचैन निंदिया रास्ता निहारे तेरा

चले आओ मेरे कृष्णा, साँसों का निमंत्रण है

चले आओ मेरे कृष्णा, साँसों का आमंत्रण है

मन का हर द्वार सुना,

वसंत में भी पतझड़ सा नाजुक मन है मेरा

सूने मेरे मन मंदिर में चले आओ मेरे कृष्णा

चले आओ मेरे कृष्णा, साँसों का निमंत्रण है

चले आओ मेरे कृष्णा, साँसों का आमंत्रण है

निरर्थक है मंजिल मेरी

सूना है पथ मेरा

ना आशा, ना विश्वास है कृष्णा

आ जाओ मेरे सूने पथ पर

आशाओं के तुम दीप बनकर

चले आओ मेरे कृष्णा, साँसों का निमंत्रण है

ना कोई साथी अपना , ना कोई रिश्ता अपना

तुम्ही मेरे सच्चे साथी, तुझी से अब जीवन मेरा

चले आओ मेरे जीवन में कृष्णा, साँसों का निमंत्रण है

इच्छा है अनंत कृष्णा

तृष्णा से भरा ये मन मेरा

हर पल तृष्णा से लिप्त है जीवन मेरा

हटा कर सब तृष्णा को आ जाओ मेरे कृष्णा

चले आओ मेरे कृष्णा, साँसों का निमंत्रण है

चले आओ मेरे कृष्णा, साँसों का आमंत्रण है

:- बाँसुरी -:

मैं मन का हर राग सुनाना चाहती हूँ

बिना बांसुरी संगीत सुनाना चाहती हूँ

मन बड़ा दुविधा में है, हर पल संकट मुझे घेरे है

मैं हर मन की पीड़ा का प्रभु एक राग सुनाना चाहती हूँ

ऐ मेरे सखा कृष्णा! तुझे मन का हर राग सुनाना चाहती हूँ

ना कंठ मधुर मेरा, ना वाणी में सरस्वती का वास है

बस अपने बुझे मन से एक राग सुनाना चाहती हूँ

मैं मन का हर राग सुनाना चाहती हूँ

बिना बांसुरी संगीत सुनाना चाहती हूँ

दुनिया बड़ी ज़ालिम है, जीवन तक झगड़े है

कैसे मन बाहर आये इन दुविधा भरे पल से

ऐ मेरे सखा कृष्णा, इस कलुषित मन से हर राग सुनाना चाहती हूँ

बिना बांसुरी संगीत सुनाना चाहती हूँ

इतनी बड़ी दुनिया में प्रभु कोई नहीं अपना

चाहे जितना भी प्यार करो , कोई नहीं अपना

तू बिना कुछ मांगे ही मुझे सब कुछ है देता

तेरे इस प्रेम का मैं एक राग सुनाना चाहती हूँ

बिना बांसुरी संगीत सुनाना चाहती हूँ

कैसे मन इन दुविधा से बाहर आये

कृष्णा ये ना मन समझ पाता है

बनकर तुम मेरे सारथी, इन दुविधाओं से पार लगाओ

इस दुविधा भरे मन से मैं एक राग सुनाना चाहती हूँ

बिना बांसुरी संगीत सुनाना चाहती हूँ

जन्म दिया तुमने, जीवन दिया तुमने

भंवर मैं है प्रभु नैया, बस तू ही है खिवैया

मेरा अंत समय हो ज़ब भी, बस आँखो में बस तू ही हो

होठों पर नाम तेरा हो, बस तेरा ही राग बजा हो

मैं मृदुल हृदय से मन का एक राग सुनाना चाहती हूँ

बिना बांसुरी संगीत सुनाना चाहती हूँ

:- अभाव -:

ना देखा, ना जाना मैंने ,

ना समझा ना पाया मैंने!

ऐ पिता! मैं तेरे अहसास को

महसूस करना चाहती हूँ!

तू कृष्णा का बनाया अद्भुत रिश्ता,

मैं जिसको पाना चाहती हूँ!

मैं भी तेरी गोदी में सर रख कर,

कुछ अपनी कहना चाहती हूँ!

मैं फिर से संग तेरे ,

अपने बचपन को जीना चाहती हूँ!

तेरे कंधे पर सिर रख कर ,

मैं मन की पीड़ा कहना चाहती हूँ!

तेरे गले लगकर मैं ,

जन्नत को जीना चाहती हूँ!

तेरे बिना रंगहीन था बचपन,

यौवन था काँटों का मेला,

मैं फिर से तेरे संग अपने ,

नए बचपन को जीना चाहती हूँ!

तेरे कंधे पर बैठ मैं,

दुनिया देखना चाहती हूँ!

पिता क्या है, नहीं पता मुझको,

मैं उस छाया को छूना चाहती हूँ!

छोटी छोटी हर ज़िद तुझसे ,

पूरी करना चाहती हूँ!

तेरे बिना कैसा बीता मेरा जीवन,

मैं तुझसे सब कहना चाहती हूँ!

क्या क्या मुझ पर है बीती,

सब तुझे बताना चाहती हूँ!

तेरे बिना कितनी ज़ालिम है दुनियां

मैं तुझे सुनाना चाहती हूँ!

मैं फिर से तेरे साथ अपने,

बचपन को जीना चाहती हूँ!

पग पग पर दुनिया से अपमान सहा मैंने,

ना जाने कितनी ही गलती का बोझ सहा मैंने,

मैं अपनी हर गलती पर तुझसे थप्पड़ खाना चाहती हूँ!

मैं तेरी प्यार भरी,

फटकार को पाना चाहती हूँ!

भीड़ भरी दुनिया में सदा ही,

तन्हा पाया खुद को,

मैं तन्हाईयों में भी तेरे साथ,

खुशियों को पाना चाहती हूँ!

मैं फिर से तेरे साथ अपने,

बचपन को जीना चाहती हूँ!

मैं भी अपनी पहचान बनाना चाहती थी

जीवन में एक मुकाम कमाना चाहती थी

ऐ मेरे पिता, तेरे बिना कैसे सब संभव था

मेरे सब सपने बस अब सपने ही है,

मेरे जीवन के हर कोरे पन्ने अपने ही है,

ऐ मेरे पिता, तेरे साथ मैं हर अपने कोरे पन्ने पर रंग भरना चाहती हूँ,

मैं फिर से तेरे साथ अपने,

बचपन को जीना चाहती हूँ!

हर पल कड़े इम्तिहान दिये मैंने,

बिना तेरे जीवन के अग्निपथ को,

पार किया मैंने,

बड़ा मुश्किल सफर था इस जीवन का जिसे तेरे बिना ही काट लिया मैंने,

हार गया है अब मन,हार गया रे

पुकारता है मन अब, पुकारता तुझे

अब इस तपन से मन मुक्ति पाना चाहता है,

कुछ सकून के पल ये मन,

तेरी छाँव में पाना चाहता है,

मैं इस मन को अब कुछ

शांत करना कराना चाहती हूँ ,

मैं फिर से तेरे साथ अपने,

बचपन को जीना चाहती हूँ.......